韦志中 ——

著

权宜之『计』

中国人的理想自我追求之路

台海出版社

图书在版编目（CIP）数据

权宜之"计"/韦志中著 . ── 北京：台海出版社，
2020.2
　　ISBN 978-7-5168-2526-6

Ⅰ . ①权… Ⅱ . ①韦… Ⅲ . ①心理学─通俗读物
Ⅳ . ① B84-49

中国版本图书馆 CIP 数据核字（2019）第 294699 号

权宜之"计"

著　　者：韦志中

出 版 人：蔡　旭
责任编辑：赵旭雯

出版发行：台海出版社
地　　址：北京市东城区景山东街 20 号　邮政编码：100009
电　　话：010 ─ 64041652（发行，邮购）
传　　真：010 ─ 84045799（总编室）
网　　址：www.taimeng.org.cn/thcbs/default.htm
电子邮箱：thcbs@126.com

经　　销：全国各地新华书店
印　　刷：天津旭非印刷有限公司
本书如有破损、缺页、装订错误，请与本社联系调换

开　　本：880 毫米 × 1270 毫米　1/32
字　　数：137 千字　　　　　　印　　张：6.5
版　　次：2020 年 2 月第 1 版　　印　　次：2020 年 2 月第 1 次印刷
书　　号：ISBN 978-7-5168-2526-6

定　　价：49.80 元

前　言

　　这本书的名字为《权宜之"计"》，之所以选择用"中国人"这样一个大的人口学背景，主要是考虑到以下两个因素：其一是基于历史的角度，中华民族有上下五千年文明，前前后后经历了二十多个朝代，每个朝代都有自己独特的文化与价值观。生活在现实社会的我们，既是社会人，也是历史人，我们的一言一行、一思一想很多都带有历史的烙印；其二是基于广泛性的考虑，每个人的行为与心理都有所不同，思考问题的方式也存在差异，只有用"中国人"这个广泛的指称才能包罗万象，涵盖不同的人。

　　为什么我们用权宜之"计"呢？这个"计"原来我把它叫作"病"，指权宜之"病"。心理学是研究人的心理活动及其规律的科学，有心理问题的人就是有心理病。很多不良行为的背后，都是心理病在作祟，所以我们刚开始选择用权宜之"病"。后来想一想，如果在公开场合使用权宜之"病"，这不等于说全体中国人都病了？如果因我的一念之差把中国人都看成病态的，这可是太罪过了。

　　关于书名的由来就解释到这里，下面我们看人格这个内容。我们每个人都是独一无二的，这主要体现在人格上。人格的形成是和文化互动分不开的。不同的文化会形成不同的人格，在同一种文化背景下，不同的互动模式也会形成不同的人格。比如说，在安全温暖的环境中，有的小孩却非常胆怯，为什么会这样呢？因为他遭遇了一些不温和的事件。比如说，有个小孩家里有一只狗，这只狗很温和，每个小孩跟它玩都很开心，有一天，有个小孩摸了一下狗，狗就咬了他一口。小孩告诉小伙伴之后，他们还满脸的不相信：这狗这么老实，怎么可能咬你呢？这些小孩的反应，说明我们一般是从外部的环境去判断人和事，如果一件事超出了我们对外部环境的认知，我们一般是不相信的。就像一个民风很好的村子，村民从来没丢过东西，结果你一来，就说东西丢了，村民会相信你吗？肯定不会！人家肯定认为你撒谎了。所以，我们形成人格的过程和文化互动是分不开的。

　　沿用这样的思路，要想对自己和他人的人格有准确客观的认知，仅从传统的人格心理学机制、行为的塑造等方面去了解是不够的，我们还需要站在文化的角度来看待。一个人长得高高大大的，我们可以推断出他所处的生长环境是很好的；这个人知识渊博，我们就知道他的教育环境不错。但是如果他有点怯懦，有些小心翼翼，这时我们就要考虑他的人际环境和一些看不见摸不着、约定俗成的文化观念。其实每个人的心里都有一股无形的动力，在推动着我们前进。很多时候，我们感受到的压力，就是来源于看不见的文化动力。

　　如果想对中国人有更深层次的了解，我们不能只了解当下的中国人，我们还要了解历史当中的中国人，了解不同时代的中国人。想要了解不同时代的人，就要了解不同时代的文化，因为社会文化在无形中塑造着人。等你了解了那个时代的文化，了解了那个时代的人，你就离了解现在的人越来越近了。

就像现今社会上的"生男孩"的观念，不是现在这个时代才有的，它是历史进程中顺承下来的。所以我们要了解重男轻女的根源，就要从历史进程中去找。

在人类的进化过程中，生存与繁衍是头等大事。在环境特别恶劣、食物十分匮乏的状况下，雌螳螂会吃了雄螳螂。为什么会这样呢？因为昆虫产卵过程中消耗了大部分的体力，雌螳螂需要补充大量养分，而食物又匮乏，为完成繁衍才吃掉雄螳螂。其他动物为了争取繁殖权，也会大打出手。当这种生物的本能放在人类身上，人类该怎样去对待呢？为了保证繁衍的顺利进行，人类制定了一些规则，比如说婚姻制度等。

期初，人类的婚姻制度是杂婚、群婚。在这种情况下，男人根本不能确定哪个孩子是他的，所以男人就比女人多了一项焦虑。男人为了化解这种焦虑，就需要让自己强大，抢占更多的资源，掌控生存权。由于生存权主要在男性手中，女性需依附男性才能很好地生存，此时男性就要求自己的女人不能跟别的男人接触，确保男人生的孩子是自己的。

但是制度和外人约束并不能保证完全起到作用，为了防止一些意外情况的发生，社会干脆对女子进行禁足或者缠足，女子行走不太方便，这样就不太可能发生偷情或者私奔的事件。

所以想要了解现在的人，你就得了解其行为背后的文化观念。整个中国人的人格，深深地受到文化动力的影响。文化动力是有力量的，这种力量甚至可以杀人。比如说，有人利用了性羞耻感的动力，散布谣言说有个女子不守妇道女德，然后全部的人都攻击此女子，结果女子就跳河自尽了。

所以，我们要研究一个人的行为，就得站在文化动力的视角下去看他人格的形成。我们会在一些文化动力的推动下，去实现我们自己需要的满足。那些不能满足我们需要的，我们就会想办法把它规避掉。比如说我想要借钱，我知道有五个人手上有钱，但是其中有一个人他是不会借钱给我的，那我肯定就不会找他借了。所以我们会根据需要而选择行为，什么样的行为能满足我们的需要，我们就会做出什么样的行为。

我们的行为不是基于自己想不想做、应不应该做，而是基于我们怎么做才能满足自己的需要，这样的行为强化模式，久而久之就演变成了自己的人格模式。其实，不但对我们自己，对待他人我们也会带有固定的认知行为模式，比如说只要这个人升官升得快，我们就认为他没有走正常的途径。这种认知模式是不利于社会大众形成正确的价值观的。

什么是防御机制呢？就是本来你不需要也不应该做这样的行为，但是你一直持续在做，时间长了，你就会依赖这种行为模式，此时的行为模式就是防御机制。比如说你为了避免挨打而求饶，但是你骨子里其实对求饶这件事情，对求饶的对象，不是真心服从的，此时求饶行为就是你的防御机制。你不要以为那些很勤劳的人是没有什么防御机制的，其实忙也是一种机制。

外部存在很多压力，为了应对需要的满足，我们会找到一些防御机制。比如说有人要揍你，你怎么办？有人要爱你，你怎么办？有人要坑你，你怎么办？有人不理你，你怎么办？人对外会有很多这样的行为，就算你处理得很好，但并不代表你内心真正快乐。现代社会白天笑晚上哭的人多不多？表面上风风光光但却选择自杀的人多不多？为什么会存在这些现象？因为这些人找到的应对模式是不健康的。

我们通过了解中国人对外界行为的防御互动模式来了解我们的文化，反过来又通过我们的文化动力发展的历程来了解我们今天的人，进而促进我们更好地掌握我们的现在，这是此书的核心所在。因为我们永远有一个核心的主题，就是了解自己，对自己有帮助。也可以看成是了解自己，了解他人，帮助自己，帮助他人，就是我们说的渡人渡己。

当下是重塑中国人核心价值观，更新文化，让中国文化作为国家力量走向世界的一个关键节点。我们在此从心理学的角度来阐述中国人的理想人格追求，无疑是非常有价值和意义的。其实我们了解文化和机制，最终目的还是要帮助自己以及需要我们帮助的人塑造完善健全的人格。

我写这本书，就是要给大家提供一个参考模板，告诉大家怎样成为更好的人。中国人的理想人格，古往今来那些仁人志士的不断追求，正好给现在的我们树立了榜样。

接下来我会再出版一系列的书籍，比如解读唐诗宋词，从唐宋诗词当中汲取古人的心理学智慧。解读《中庸》，解读《论语》，解读《大学》等，如果有机会，我会把历史上那些"左派"

人物与"右派"人物进行梳理，看看当时的中国人是怎么想的，他们为什么会这样想？为什么会有这样的情感？进而为大众进行一个指引。传统文化跟现代心理学结合，这就是我的路线。

目 录
CONTENTS

/

001

前篇　中国人的理想人格

后篇　权宜之"计"

目　录

C O N T E N T S

/

002

前篇

中国人的理想人格

第一章　中国人的理想人格

一、中华十六字心法

"人心惟危，道心惟微，惟精惟一，允执厥中。"

这十六个字是中国传统文化中著名的"十六字心传"，又名中华心法，其源于尧舜禹禅让的故事，出自古文《尚书·大禹谟》。接下来我们来一起解读这十六个字。

"人心惟危"大意是：人的内心是很微妙的，也可以说是复杂的。如果内心没有掌控好，就会非常的危险。举个例子来说，有个人在大街上被路人斜了一眼，他感觉很不舒服，觉得路人对他有敌意，于是就一路跟踪，最后把路人给杀死了，这就是"人心惟危"。从这个角度来说，咱们的祖先，中华民族的智慧人物——禹，一开始就是在告诉我们自我心理管理的重要性。

"道心惟微"是指用道来把危险的人心约束住，其作用是微妙的。"道"代表世间法则，既包含自然规律，也包含精神、人文、信仰和道德。自然规律很好理解，比如说山上种了很多树，山脚下居住的人开垦荒地种了一些果蔬，结果现在大力发展经济，就把山上的树都给砍了，一下暴雨，泥石流就来了，农田也都被毁了，这就是违背了自然规律，破坏了生态平衡。所以看似简单的伐树，其实是违背了道的。"道"还包含世间的其他法则，如精神、信仰、道德等。就好比我们在追求理想人格的过程中，理想人格就是道，你稍微有一点偏差，方向不正确，你离理想人格的距离就可能越来越远。

"惟精惟一，允执厥中"是说领悟道心要精益求精、专一其心，真诚地遵守不偏不倚的中庸之道，以应对天地间的任何事物。这里的"精"本义是"择米"，就是古人在稻谷成熟后挑选好米，引申为"谨慎选择事情"。"惟精"就是舜告诉禹解决"人心惟危"所采取的办法。现在很多人的心绪是乱的，他不具有"精"的状态，无法专一地关注一个事物，所以才会产生那么多的烦恼与痛苦。

现在很多人之所以产生心理问题，很大原因就在于外部的信息太多，我们不知道怎么做选择，不知道怎么处理，所以某些有信息选择功能的软件才会很受大家欢迎。当你觉得这些软件可以按照自己的意愿进行信息选择时，你觉得自己掌控了它，毕竟你喜欢的它才推送，不喜欢的它就自动帮你屏蔽了，这样多好。可时间长了以后，你会发现你的圈子越来越小，而外部的世界你一无所知。

我们知道，一生二，二生三，三生万物，这里的"一"其实就是"道"，也包含中庸之道。你面临太多外部的信息，此时你还能找到"一"吗？很显然，已经找不到了，所以管理自己的内心最重要的是守着自己的当下。而且，我们在走自己的道路时，还要注意不偏不倚，既要了解左边发生了什么，也要看到右边发生了什么，这就是所谓的"中"。在我们的文化中，"中"是一个很重要的文化符号和概念，本书在随后的内容中会对其展开论述。

守住自己的一颗心，不要让它随意骚动，减少外部环境的侵扰，你就能专心地钻研，就能做到专一。如果听见像没听见，看见像没看见，思考像没思考，这样怎么能成"一"呢？所以，管理自己的内心，守住自己的一颗心是很重要的。

其实这十六字心法是层层递进的。"人心惟危，道心惟微"先告诉你人心的状态，再告诉你道心的力量。那怎样做才能避免"人心惟危"呢？办法是"惟精惟一，允执厥中"。

实实在在地讲，对这十六个字，我理解得还不够。因为它是我们的中华心法，是浓缩了很多智慧在里面的，单凭我一言，很难把所有的智慧都一一道出。所以，我很愿意和大家做进一步的交流。

二、中庸之道

自古以来，我们都在追求的人格就是中庸之道。子曰："中庸之为德也，其至矣乎！"意思是说中庸作为一种道德，该是最高的标准了吧！在孔子看来，中庸是作为道德而存在的。所谓的中庸之道，是一种不偏不倚、折中调和的处世态度，主要包含三层理论。

第一层理论："中不偏，庸不易"，是指人生不偏离，不变换自己的目标和主张。我坚持什么，反对什么，是不会轻易改变的，这里面涉及真诚的品质，我不欺骗别人，也不欺骗自己。虽然现在重利忘义的人比较多，很多人以金钱来衡量自己的人生价值，但是也不必担心，社会发展自然有它的规律，走得太"左"，危险重重，走得太"右"，任人欺负，这都不是长久之计，总有一天，我们会调整自己的方向，走到中庸的大道上来。

第二层理论：指中正、平和，人需要保持中正平和。这和我们"十九大"提倡建设理性平和的社会心态有异曲同工之妙。每个人都有情绪，都有想表达的意愿，但是现在的情况是大家要么谨小慎微，要么趾高气扬，能做到不卑不亢的少之又少，这就违反了中正平和。所以在心性管理上，我们也追求中庸之道。

第三层理论："中"指的是"好"，"好"就是一种状态，不是我们今天理解的道德意义上的好与坏，"好"的状态是你该在哪儿就在哪儿，并且有能力掌控一些东西。"庸"同"用"，"中用"的意思，指人要拥有一技之长，做一个有用的人才；又指人要坚守自己的岗位，要在其位谋其职。

我们中华民族之所以在文明历史上没有断线，就是因为我们有中华心法，有前赴后继的人在追求中庸之道。现在很多人会焦虑，我们的文化正在被外来文化冲击，这种担心从清朝末年一直持续到现在。纵观历史的发展，不管是引进哪种外来文化，都撼动不了儒家文化的主导地位。所以我们要对自己的文化充满自信才对。

阿诺德·约瑟夫·汤因比，英国著名历史学家，他曾被誉为"近代以来最伟大的历史学家"。汤因比对历史有其独到的眼光，在他看来，19 世纪是英国人的世纪，20 世纪是美国人的世纪，而

21 世纪将是中国人的世纪。需要强调的是，汤因比说 21 世纪是中国人的世纪，主要是指中国的文化尤其是儒家思想和大乘佛教引领人类走出迷误和苦难，走向和平安定的康庄大道。

为什么说 21 世纪是中国人的世纪呢？这里有两个原因：一是中国的历史本身就是一个分久必合的走势，左久必右，右久必左，最终还回到中，所以它不会断层。二是中国的儒释道文化，中国人有道骨、儒表、佛心。道骨，就是我们骨子里面崇尚自由和与自然相和谐的道家思想。儒表是说我们受儒家思想——修身、齐家、治国、平天下的影响，我们很愿意为社会做贡献。佛心是说我们的慈悲心肠、行善之心。正因为我们同时拥有道骨、儒表和佛心，所以我们的文化具有很强的优势，正如汤因比所说的："到了 21 世纪，人类会因为过度的自私和贪婪而迷失自己，科技手段将会毁掉一切。加上道德沦丧，信仰疲乏，心灵空虚，世界必将出现空前的危机，要拯救三大生存危机，唯有中国儒家孔孟之道，和大乘佛法。"

我做心理学研究将近 20 年，参与各种社会活动，一路走来，我的内心是非常坚定的，我相信中华文化最终经历一番波折和推动之后会为世界带来巨大影响。当前的问题是我们怎么走能离中庸近一点。

三、酸儒与酸儒主义

儒家在乎个人人格的塑造，以孔子和孟子的人格塑造最为完善，他们了解自己，对自己有办法，知行合一，这种"做到"被称之为君子。后代的读书人纷纷效仿，向君子境界努力，但如果他们只是在知识上做到、行为上却没有做到，表面做到、内在没做到，这时就形成了酸儒。

酸儒是没有做到知行合一的读书人，有些酸儒心里知道需要"做到"，也知道怎么去"做到"，但是外部环境不允许他做到。比如人家送礼你不收，你可能就被罢官了；人家找你结盟你不应，可能就会遭到杀身之祸。所以，酸儒就会在行为上躲避，产生防御机制。

说到知行合一，就不得不提王阳明先生。王阳明是明代著名思想家、文学家、哲学家和军事家，又是心学集大成者，与孔子、孟子、朱熹并称为孔、孟、朱、王。他的哲学思想在明代影响最大，并传至日本、朝鲜半岛以及东南亚。有趣的是，王阳明早年却是朱熹的一个"超级粉丝"，他起初的理想就是像朱熹那样，做圣贤。中国哲学史上著名的"守仁格竹"故事，说的便是王阳明在他21岁那年，读完朱圣人的著作后，便邀请朋友一起到家中"格竹"。两人端坐在院中一棵翠竹下，目不转睛盯着竹子，希望参透竹子的变化玄机，掌握世间万物的变化规律。格了三天三夜，朋友晕倒了。格了七天七夜，王阳明也晕倒了。苏醒之后，王阳明喟然长叹："圣人之说可疑也！"

后来又经历了一件事，让王阳明开始全面怀疑朱熹之学。他在游览杭州虎跑寺时，看见一位僧人正在闭目打坐，据说已不视不言三年。王阳明绕着和尚走了几圈，冷不丁大声喝问："这和尚终日口巴巴说什么！终日眼睁睁看什么！"和尚被惊动后，睁眼应了一声。王阳明继续盯着他问："家中还有何人？"和尚答："老母尚在。"王阳明又问："你想念她否？"和尚没有即刻回答，过了一会儿，面有愧色地说："怎能不想啊！"和尚的回答，让王阳明顿时陷入沉思，这个僧人即便苦修至此，心里也仍存思母之念想，何况凡人？王阳明意识到，凡为人者，皆有欲念；人之欲念，无论如何都不可能泯灭。朱熹之说，不符合人性。①

这两件事，对王阳明思想上打击甚大，他原来一心要做圣贤的理想就此破灭。后来王阳明顿悟的"道"，是"吾心之道"，即每一个人都具有"本心"，这个本心实际就是生命的本源。人之所以具有各种各样的生命活动，诸如感知外物、分辨善恶、判断推理，就在于人具有这样一个"本心"。圣人之道原本就存于每个人心中，故不必向心外去求什么。基于此，王阳明提出了"心即理"的命题，并由此发展起了"心学"。

在践行上，王阳明提出的方法是"知行合一"。在"知行合一"的基础上，王阳明又进一步提出"致良知"，从而完成了他的心学理论体系："心即理，知行合一，致良知。"也就是说，"天理"就在每一个人心中；人们应该"知行合一"，去提高内心修养和智识；去除私欲杂念的纷扰，从而使社会和谐运行。"心即理"是起因；"知行合一"是实践过程；"致良知"是根本目的。三者形成一个整体，缺一不可。

说了这么多关于王阳明先生的经历及理论，其实就是为了说

---

①《两位大师朱熹和王阳明的精髓：谁与我们更近？》，网址：https://m.sohu.com/a/126771759_475956/。

明当前人提出的理论已经严重与社会脱离了，这时你该怎么办？王阳明先生的选择是开辟新的思想，于是“心学”就诞生了。但是很多人却不会这样做，他们还会固执地坚守着老一套，不会觉得这是有问题的，这时就产生了酸儒。你看那些只会纸上谈兵、夸夸其谈的人，是不是都是这一类人？

大家都在追求理想人格，理想人格的具体表现就是孔子所提倡的君子。自从“君子”这种人格修养被提出以后，大家都在极力追求。但是在追求的过程中，有的人被一个场景吸引走了，有的人路上遇到绊脚石走不动了。此时就会出现很多假学问家，他们只会纸上谈兵，却不知如何实施；只会动动嘴皮子，却不懂怎么迈开双脚，这就是酸儒主义。

我们网校一直在强调知行合一，有一次校长时间，我们正在说得起劲的时候，有个学员说“期待”。大家想如果在家里你爸爸正在说咱们今年怎么发展的时候，你突然来一个期待，你爸爸会怎么想？虽然我不是你爸爸，但我是校长，你是学生，你怎么来个期待？你不是旁观者，你也要参与进来。你说期待，感觉这件事和你一点关系也没有，所以我就很生气。通过这事，就能反映出他不是一个知行合一的人。

有一些社会名人，白天讲一大堆大道理，一到晚上，就不知道要干出多少出格的事了。这就是酸儒主义下的投机主义者。不是说这人坏，而是他的人格和他的状态偏离了太多。他没有知行合一，没有对自己真诚，久而久之，就出现了这样的不正常行为。这让我想到了平时对一些学员的批评，我明明说的是真心话，可他就是不领情，反过来还怪我太苛刻，没人情味儿。一些心灵鸡汤也会告诫你远离那些让自己难受的人，其实这都是害人的，因为它会让你逐渐远离真诚，最终连自己都不认识了。所以我们既要和自己喜欢的人交往，也不要排斥那些让自己不舒服的人。

现在网校的学习者已经上千人，这一点我是挺自豪的，但一方面又有些担心，因为有些学员会经常在微信群里惹我生气，我一不高兴，就会把他拉黑，或者删除他。虽然那些人有自己的问题，但是从另一个角度看，实际上是我不愿意听真实的声音了，不愿意看到那些让自己不开心的话语了，我活在自己的世界里面。这一点我还是需要提高的。

四、"左派"与"右派"

在追求理想人格的过程中，有时候很难正直处事，于是就有偏斜。朝左偏，就形成激进的"左派"，也就是所谓的变法者；朝右偏，就形成温和的"右派"，也就是保守派。很多酸儒也都属于保守派。其实这是不符合中庸之道的，宋儒说，不偏不倚谓之中，平常谓"庸"，中庸就是不偏不倚的、平常的道理。历史一路走过来，就是左左右右，左右，右左，左左，右右。

一个社会全部偏"左"的时候，这个社会就会前进，但是会有人受罪。就比如说前进的时候有人是不愿意走的，那怎么办呢？人家骑马，他在后边就被马拉着走，这其实是很痛苦的。一个社会全部偏"右"的时候，它会停滞不前，这样做虽然会感觉很安全，但是时间长了会被别的社会形态吞掉，正如欧阳修的名篇《伶官传序》中所言"忧劳可以兴国，逸豫可以亡身"。

那么我们怎么区分"左派"和"右派"呢？左派就是激进派，右派就是保守派。洋务运动、维新变法就明显出现了左派与右派之争，但是不管是左派还是右派，最后要看民心所向。如果民心向左，左派就会有很多拥护者；如果民心向右，自然右派就会有很多拥护者。朝代的更替就是这样一步步演化的。

曹操是一个"左派"的代表，他的那句"宁叫我负天下人，休叫天下人负我"就是很典型的激进态度。原句出自《三国演义》曹操杀吕伯奢。曹操刺杀董卓事败逃跑，途中经过他父亲的结义兄弟吕伯奢住处，吕伯奢留曹操住一晚，当夜，吕伯奢出去买酒，吩咐家人杀猪来款待曹操。曹操半夜听到磨刀声，并听到吕家人说"先绑了再杀"，顿时生疑，以为吕伯奢要加害于他。于是他持刀冲出，将吕全家杀光，后看到厨房里绑着一头猪准备宰杀，才知道误杀好人。曹操离开吕家，途中碰见吕伯奢买酒回来，吕伯奢说已经吩咐家人杀猪设酒来款待曹操，为何这么快就要走了。没想到曹操竟然举刀将吕伯奢杀掉。同行的陈宫怪他太没有义气。曹操说："宁叫我负天下人，休叫天下人负我。"陈宫愕然，觉得此人绝非明主，于是就去投靠了张绣。

其实在当时的乱世下，曹操出此言实则是为了自保。如果他不激进，他就无法在乱世中立足，更别说掌握天下局势，挟天子以令诸侯了。至于说他为何不自己称帝，推翻汉王朝，这我就不做评论了。

那么当社会安稳到一定的程度，就会产生很多"右派"，这些右派就是既得利益者、实际掌权者。秦国在秦穆公时期先后灭掉西方戎族所建立的 12 个国家，开辟国土千余里，至此奠定了其作为春秋大国的基础。战国时期秦国的秦孝公即位以后，决心图强改革，于是就出现了商鞅变法。要知道当时秦国可是诸侯大国，其他国家一般都不敢招惹它。有这样的地位与国力，秦国的贵族士大夫们其实是不想变法的，这就是右派思维。不过秦孝公作为一国之君，拥有绝对的话语权，老大说变，就算不支持，也要按照他的政策来。经过商鞅变法，秦国的旧制度被彻底废除，经济得到了发展，秦国逐渐成为战国七雄中实力最强的国家，为后来秦王朝统一天下奠定了坚实的基础。但是好景不长，公元前 338 年，秦孝公去世，秦惠文王继位。变法侵犯了贵族们的利益，因此遭到他们的强烈反对。商鞅失去变法的强有力支持者，面对众大臣的讨伐有口难辩，只得逃亡。最后，商鞅被秦军追捕，只落得个"车裂"的下场。所以变法是有风险的，商鞅作为左派人士，损害了太多右派的利益，最终丢了性命，也实属无奈！

王莽是"右派"的代表。汉武帝执政时，为统一思想，"罢黜百家，独尊儒术"，儒家思想成为官方指导思想。西汉末年，灵帝召集众多儒生勘正五经，并昭告天下，正式把儒教定位汉朝国教。王莽就是在这样的时代背景下脱颖而出的。在王莽少年时，其父兄先后去世，他跟随叔父们一起生活。王氏家族是当时权倾朝野的外戚家族，族中之人多为将军列侯，生活侈靡，互相攀比。唯独王莽独守清净，生活简朴，为人谦恭，勤劳好学。他服侍母亲及寡嫂，抚育兄长的遗子，行为严谨检点；对外结交贤士，对内侍奉诸位叔伯，十分周到。他是这个世家大族中的另类，几乎都成了当时的道德楷模，很快便声名远播。[1]后来王莽身居高位，却从不以自己为尊，总能礼贤下士、清廉俭朴，常把自己的俸禄分给门客和平民，甚至卖掉马车接济穷人，在民间深受爱戴。朝野名流都称赞歌颂王莽，他的名声甚至超越了他那些大权在握的叔伯。王莽就通过这样的儒生形象得到了大众的认可，甚至最后登上了皇位。

后来王莽之所以被刘秀拿下，是因为他的人格里面是空心的。我们说人格建构的过程中，有一些是虚假的、表面的特质。比如说想要成功的话，你就要舍下自我面子和情绪的一部分。王莽就是儒生形象做得太好了，人人称赞不已，殊不知这只是他暂时的权宜之计，是为了最后成功的缓兵之计。就像《水浒传》中的宋江，他也是不得已被逼上梁山的，其实他胸怀大志，骨子里仍是儒家"修身齐家治国平天下"的思想，你看他虽坐上梁山的第一把交椅，虽打着"替天行道"的旗号，但最终还是愿意接受招安，入朝为官。只是可怜他的弟兄们，死的死，伤的伤，活命的没几个了。

在追求理想的道路上，生命的分量就显得不那么重要，远有孟子的舍生而取义，近有谭嗣同为改革变法而流血牺牲。他们都是有大追求的人，都是愿意把自己扔进炉子锻炼的人。不过有时候他们也很难正直处事，就会出现偏斜，于是权宜之"计"就产

---

① 参见网址：https://baike.so.com/doc/1728296-1827217.html。

生了。比如抗日战争时期的汪伪国民政府，其以"中华民国国民政府"为名，实际上则是日本在战争期间扶持的傀儡政权之一，这就是权宜之"计"。为什么这个计要打引号呢？因为我们通常理解的计，是实现自己目标的一种策略，但在这里的计更多的是一种非正常性的、违背了规律的一些行为。

今天很多的心理学工作者，即使学历再高，掌控的知识再多，如果骨子里不具备公认的价值观，他也很难成为大家。所以心理学家从初级的专业人员到中级的讲师，再到高级的大师级别，不光是在技术专业上提升，在价值观方面也要多多坚守。凡是价值观很正的人，只要他勤勤恳恳，他在他的领域里面就能取得成绩。

五、小结

第一部分中国人的理想人格，中庸之道已经结束了。大家回顾一下，我们从一开始，就已经有了一个理想人格的模型。凡是偏离了这种理想人格，就容易出问题。同样反过来讲，凡是在动乱背景下，比如说兵荒马乱或者朝代更迭频繁之时，其实也是因为维护我们理想人格的主流文化被冲散了，才会导致这样的事件发生。

实际上我个人愿意这样理解，今天的中国社会是塑造理想人格比较好的一个时期。为什么这样讲？首先我们和平稳定，纵观世界风云，中国这边独好。就拿广州来讲，你半夜十二点钟走在大街上，不管你往哪里走，你只管走，不会出现被打劫的情况，社会治安非常好。另外，我们的文化氛围一直在更新，但总体来说我们不压抑，人文关怀及人权自由都得到了彰显。所以在这样的一个时代背景下，我们要追求中国文化背景下的理想人格是比较有优势的。

第二章　中国人的孝道与情绪管理

"孝"是一种家庭伦理关系，本意是指子女对父母的侍奉和赡养。《尔雅·释训》曰："善父母为孝。"《荀子》云："能以事亲谓之孝。"① 即能够奉养自己的父母，就是孝。

一、孝道的产生与发展

中国传统伦理思想中的"孝"的观念的产生，是随着传统家族制度的父家长制度的形成而产生的，时间可追溯到夏商周三代。商代的甲骨文中，出现了"孝"的会意字，字的上半部像一个长须飘飘的老人，字的下半部像一个小孩，整个字形老人在上，子在下，表示儿孙搀扶老人。这表明"孝"的观念在商代就已出现。②

西周时，由于宗法制度的出现，"孝"的观念大大发展了。在《尚书》《周易》《诗经》等西周时期的著作中，关于孝的论述很多。西周的孝主要有两个方面的含义：一是对祖先的孝，称之为"追孝"，也就是歌颂祖宗的公德，祈求祖先的保佑；而对在世父母的孝，称之为"孝养"。

孔子继承了西周的"孝"的观念并加以发展，提出了系统的

---

① 荀况：《荀子全译（修订版）》，贵州人民出版社2009年版。
② 朱冬梅：《浅谈孝道》，载《雁北师范学院学报》，2004年第20期，第14—17页。

孝道思想。孔子提出的孝道是与“仁”学思想体系紧密联系在一起的。孔子继承了西周的“孝”的观念并加以发展。孔子的弟子有若说：“君子务本，本立而道生。孝弟也者，其为仁之本与！”[1]孝顺父母、敬爱兄长，是实行仁德的根本。有了这个道德根基，才能实行儒家之道。孔子把“孝养”的观念和行为，提高到“孝敬”即精神孝养的高度，是了不起的飞跃。

孟子在孔子的基础上，对孝道思想进行了继承和发展。孟子认为大孝的人要终生孝敬父母，他还把“孝悌”与仁义礼智结合起来，提出了“老吾老以及人之老，幼吾幼以及人之幼”的思想，从而把家庭中的孝悌观念推广到整个社会。

荀子同样很重视“孝悌”观念，认为“兴孝悌”是达到安民、安政的措施之一，荀子孝道的特点是把“孝”纳入礼的范围之内，重视依“礼”来行孝。

二、魏晋南北朝的孝道

孝道历来为各个封建王朝所重视与提倡，特别是魏晋南北朝时期，由于家族势力的膨胀和门阀政治的实施，族人之间的关系是上下分明、利害相关、休戚与共的，这就需要用孝道来维护族内的长幼尊卑秩序，增强宗族内部的凝聚力。这个时期的人们把家庭和家族的利益看得比国家的利益更高，最终使得原来家族伦理意义上的“孝”一跃而成为整个社会伦理道德规范的核心。

---

[1]杨伯俊：《论语译注》，中华书局出版社2002年版。

封建帝王第一个以"孝"字作为年号的是南朝刘宋孝武帝刘骏，年号"孝建"（454—456 年），而历史上以"孝"字立年号的基本都出现在这一时期。正史上首先给孝子立传也是开始于魏晋南北朝时期。

魏晋南北朝时期的孝文化有两大突出之处：一个是特别重视对以《孝经》为核心的孝道的研究和传播，主要表现在皇家重视学习、研究和传播孝道，学者对《孝经》等做了大量注解；另一个是在士族制度等因素的影响下，沿袭了汉代的"孝治天下"。于是，人们在崇尚清谈的同时也崇尚孝道，孝道出了名，人也就出了名。在这样一种社会背景下，大量的孝道故事就出现了，而统治者的过度提倡，使孝子们达到了愚孝的地步。

"愚孝之所以为愚，是其只重动机，不重效果；只重形式，不重内容；只顾自己，不顾他人。从根本上说，不是真正的孝道。"[1]"埋儿奉母"就是一个很典型的事例。

这个故事是这样的：郭巨原本家道殷实。父亲死后，他把家产分作两份，给了两个弟弟，自己独取母亲供养，对母极孝。后家境逐渐贫困，妻子生一男孩，郭巨的母亲非常疼爱孙子，自己总舍不得吃饭，却把仅有的食物留给孙子吃。郭巨因此深感不安，觉得养这个孩子必然影响供养母亲，遂和妻子商议："儿子可以再有，母亲死了不能复活，不如埋掉儿子，节省些粮食供养母亲。"当他们挖坑时，在地下二尺处忽见一坛黄金，上面写：

---

[1] 王玉楼：《汉魏六朝〈孝子传〉研究》，载《暨南大学》2011年。

"天赐孝子郭巨，官不得取，民不得夺。"夫妻得到黄金，回家孝敬母亲，并得以兼养孩子。从此，郭巨不仅过上了好日子，而且孝顺的美名传遍天下。

试想：如果郭巨未挖得黄金，那儿子就真的被活埋了。这样的孝顺也真是可怕！

还有因为"极孝"而被加官进爵的，王祥就是一个例子。晋朝的王祥，早年丧母，继母朱氏并不想养他，常在其父面前说王祥的是非。父亲信以为真，就不再疼爱他，总是让他打扫牛棚。一年冬天，继母朱氏生病想吃鲤鱼，但因天寒河水冰冻，无法捕捉，王祥便赤身卧于冰上，忽然间冰化开，从裂缝处跃出两条鲤鱼，王祥高兴极了，就把鱼拿回来给继母吃。他的举动，在十里乡村传为佳话。人们都称赞王祥是人间少有的孝子。有诗颂曰："继母人间有，王祥天下无；至今河水上，留得卧冰模。"后来，王祥因孝名和功绩被加官晋爵，后从温县县令做到大司农、司空、太尉，其孝名为历代所传唱。

谁孝顺谁就当官，这实际上过了头了，孝顺到一定的程度，就成了愚孝。魏晋时期崇尚这种愚孝，说明那时的文化对人性的压迫已经到了残忍的地步，甚至有点接近病态。这就好像幼儿园老师奖励那些拾金不昧的孩子，一些学生为了得到奖励，甚至去偷钱一样，这样的班级文化最终就演变成病态的了。

为什么魏晋时期会出现"孝治天下"呢？因为那时期的人们太渴望做正人君子，但是又做不到，结果有一天突然发现孝顺爹娘就是正人君子的典范，于是大家就开始纷纷效仿了。只要孝敬好父母，就可以成为君子，就可以成为名人，就可以加官晋爵，这等好事为啥不做呢？大家以前是摸着石头过河，现在有了一条进修的康庄大道，那肯定是人声鼎沸、川流不息！

魏晋时期出现愚孝，现代社会也有伪孝行为的发生。比如说家里的老人去世了，除去对老人有愧疚的儿女哭得最悲伤外，那些在老人生前从没给过好脸色的儿媳妇也哭得很响。难道她们是良心发现了吗？不是的，她们是为了得到他人的认可，是为了讨好别人才这样做的。等到老人的丧事一过，吵架的、分家产的，各种不和睦的事情都出来了。这种心理管理，会造成好多人偏离了中庸之道。因为她们本身不需要这么悲伤的，却表现得这么悲伤了；不需要这么压抑的，却表现得这么压抑。这时心理就无法实现平衡，无法达到"和"的状态。

现在的婆媳矛盾也是一大反映，婆媳之间不和，丈夫在中间很难受，如果丈夫只听妈妈的话，妈妈说妻子不好，就去找妻子算账，这样是不好的。所以在对父母尽孝的时候，我们一定要有理智，要坚持原则地去尽孝。

三、魏晋南北朝的哀文化

我们今天对中国历史的研究，更多的是关注那些盛世朝代，比如说唐、宋、元、明、清这一类的。但实际上，那些混乱的短暂阶段，往往更能够让我们窥探到，中华文化当中的一些发展的、内在的规律，比如说像魏、晋、南北朝时期。

魏晋南北朝是中国历史上政权更迭最频繁的时期，长期的封建割据和连绵不断的战争，使这一时期的中国文化受到了特别严重的影响。在动荡乱世，人们最容易感受到人生的短促、生命的脆弱、命运的难卜、祸福的无常以及个人的无能为力，自然就形成了悲剧性的文化基调。就如同前段时间在网上比较流行的"葛优躺"，就是大家表现自己"颓废"状态的写照。"葛优躺"的背后其实就是一种丧文化，这个和"宅"在某些地方还是挺相似的，都属于社会发展过程中衍生出的亚文化。还记得在某段时间，一些年轻人把自己的头发整得五颜六色的吗？这也属于亚文化。

亚文化不是主流文化，它是主流文化的一个分支，不过这个分支一般只能存在一段时间，不能长久地发展下去。亚文化实际上是一个社会文化的信号，它在提醒我们，当主流文化向前发展遇到阻力时，我们是需要允许其他文化的存在的。就好像我们在马路上开着车，突然前面在修路，不让车辆通行，这时我们往往会选择看看周边还有没有其他的路可走一样。

对应历史中的朝代更替，其中有一些少数民族的部落建立了大统一王朝，此时主流的汉文化就会受到冲击。比如说建立元朝的蒙古人，蒙古人要统治天下臣民，就需要接受内地的汉文化，他们的行事作风也需要按照汉文化的规矩来。如果他们无法完全适应汉文化，就仍会保留一些自己的文化。此时相对于整个汉文化来说，蒙古人的文化就相当于亚文化。

其实亚文化的产生也是现实的需要，这说明当时的主流文化已经无法满足某些人的需要。就比如说现在的年轻人，需要张扬个性，需要爆发活力，你如果一直压制着他们，就会出现各种问题。所以作为家长，要把自己的孩子当成独立的个体来看待，不要他一做错事，你就觉得天要塌下来一样。

四、情绪管理

我们要怎么对待自己的情绪与本能，使其符合中庸状态呢？《中庸》告诉了我们答案——"喜怒哀乐之未发，谓之中；发而皆中节，谓之和"。这话从何理解呢？就是说心里有喜怒哀乐却不表现出来，被称作"中"；表现出来却能够有所节制，被称作"和"。

具体来说，人在没有产生喜怒哀乐的这些情感的时候，心中是没有受到外物侵扰的，别人说了什么，做了什么，对你来说影响不大，你能保持着自己的心境和状态，这样的状态就是"中"。但是在处理各种事物的时候，我们不可避免地会受外部事物的干扰，激发各样的情绪变化。如果这个时候你表现出来，表现得恰到好处，既不过分也没有不足，而且是符合当事人的身份，不违背情理和事实，这就达到了和的境界。

比如说你想骂人了，但是最终没有骂出来，你也没有因为不好的情绪而影响他人，这就是"中"。很多父母在外面受气，在家会给孩子脸色看，这就是没有做到"中"，其实我们很多人都没有守住这个"中"，比如我的性格中就有这个毛病——迁怒。本来自己心情不好，刚好旁边有人在做事，于是就各种挑毛病，批评教育他，这其实就偏离了中庸，是一种不好的行为。如果我当时选择把这个情绪放在心里，或者听听音乐、出去走走，进而化解这个情绪，这就是做到了"中"。如果这个情绪无法通过其他途径化解，一定要发泄出来呢？这时就要把握好力度了。太过了，容易伤人；太轻了，达不到效果。既要让自己满意，又不会对其他人造成困扰，这样才是"和"的状态。现在很多人都处于进退两难的境地，尤其是高考阶段的父母，要不就是大气不敢出，要不就是跟孩子冲突得很厉害，这就没有达到"中和"的状态。

"中和"的状态就是在位的状态，你在你的位置，别人也在别人的位置上，我们之间不是相互伤害的。你的情绪并没有侵犯别人，也没有强加给别人。这就是"中和"。

《中庸》开篇说："喜怒哀乐之未发，谓之中；发而皆中节，谓之和。中也者，天下之大本也；和也者，天下之达道也。致中和，天地位焉、万物育焉。""中和位育"是儒家的核心口号，是修养工夫之极致，"中和"是目的，不偏不倚，谐调适度；"位育"是手段，各守其分，适应处境。

大家如果查近现代的教育家，基本上提倡的都是"全人"教育理念，全人教育理念围绕的就是培育健全人格的理念，这就是"中和位育"，就是中庸之道讲的培养君子的德行。

我观察身边的人，要不就是小心翼翼，敢做不敢出声，要不就是憋不住，咋咋呼呼，"炸"到谁是谁；要不就是他说每一句话都有控制别人或者敲打别人的意向；要不就是内疚自责，害怕影响别人。对大多数人来说，做到"喜怒哀乐未发"和"发而皆中"的确是不容易的。

上一次我在湖南湘水授课的时候，看到有些老师上课，我很不舒服，甚至还身体冒汗，但是我一直在忍着没有发声。我这个时候的忍，并不是控制愤怒，而是在脑子里琢磨等一下我怎么把有些老师不好的行为给呈现出来。等到我开讲的时候，有些人可能觉得我是在"修理"他们，其实不是的，我并没有针对某个人，我表达的都是客观事实。比如说几点几分你做了什么，为什么你会那样做，你那样做背后反映出你人格层面的模式是怎么样，我全部客观地呈现出来。这就是"发而皆中节"，在表达的时候并不加入个人的投射，更不加个人的期待，也不加个人的喜恶，就是客观陈述。

自我管理对大家来说并不是太难的事，但对我来说却是很不容易的。我要达到令自己满意的一个层面，就需要处理好我和他人的关系，尽量不去侵犯别人，这是我自我成长的一个很重要的方向。

如果你有一套方法，能保证自己不受外部事物的干扰，就算需要发泄，也能够做到只表述客观，不被情绪控制，那你就是平和的。你长期处于中和状态中，一旦你参与事物，也能够做到"中和位育"，那你就是一位自我管理很强的人。如果你去做老师的话，教出的学生大多都是具有中庸思维的人，那他们就不会太过，也不会太压抑。现在的很多老师、家长对孩子在这方面的培养是不够的，所以教育工作者也要注意提高这方面的能力。

其实有时候我也在想，如果我有一天上课，不再带着那种激情，不再通过情绪感染学员，能够带领大家在润物细无声的过程中，在行云流水当中，让大家看到自己，看到真相，感受到温暖和爱，而没有任何的不舒服，那个时候我们的教学场才是真正自由的。但同时我也在害怕，如果我不通过情绪感染学员，我害怕他们投入不进去。不过我也坚信，在我不断地进步中，我会到达那个高度的。

人心向善，生命向上，每个人都是大自然独一无二的杰作，每一颗心灵都有享受自由的权利。之前我们用很多的教学策略，比如搞个活动吸引学员的注意力，或者针对学员的问题一个劲儿地分析，这都不是"中和"的状态，都不是真正的道。真正的道是你相信每一颗心灵都是充满爱的，每个人都是有自己的能力的。

如果你在真正的道上，你就不必标榜你是爱学生的，不必宣扬你用的方法是最好的，你只需要做好就行了。作为父母也是一样，只要做好自己，就在会潜移默化中影响孩子，也不必再对孩子耳提面命。这才是我们中国人的心理成长。可惜很多人觉得做起来很难，就放弃了。

第三章　中国人的脸面观

> "面子"是理解有关中国人的一系列复杂问题的关键所在，如果说，中国人特性中还有许多"暗锁"未被我们打开，那么面子便是打开这些"暗锁"的"金钥匙"。
>
> ——阿瑟·史密斯

阿瑟·史密斯这句话很好地阐释了面子对于我们中国人的重要性。其实在日常的生活中，我们很多行为都是为了"争脸面"或"不丢脸面"而去做的。

一、面子带给我们的福利

在中国社会，一个"有面子"的人拥有一种巨大的无形资产。对人，有更大的影响力和感染力，可以获得他人的尊敬、羡慕、赞美，至少自己说的话有人听，自己的行为有人仿；对己，可以给自己更多的尊严、信心，并成为自己进一步行动的重要驱动力。

的确，一个有面子的人是可以得到很多"福利"的。正在翻阅此书的你，可以思考一下，在现实生活中，你是否是一个有面子的人呢？我们"渡老师"团队中有一个成员，就非常地有面子，她在分享"一苇渡心科普教室"的学位时，一下子就成功吸引了六七十个人加入，很多人愿意买她的账。另外，有脸面的人还能帮助他人处理很多纠纷。如果两个人起冲突了，双方都不愿意先退一步，此时最好的解决方法就是请一个有脸面的人帮助调和，这也是我们中国人经常会用的方法，大家坐下来，聊聊天谈谈心，问题可能就解决了，也不用彼此撕破脸皮，搞得双方都没有面子。

二、脸面与儒家文化

中国人的脸面观是怎么形成的呢？这就要说到我们的主流文化——儒家文化，尤其是儒家文化的"礼"和"羞耻之心"，对中国人的脸面观影响深远。

什么是"礼"呢？以儒家为主导的中国文化试图建立一个有阶层的和谐社会秩序，维持这个"差序格局"的就是礼。《论语》有言："不学礼无以立。"礼是立足社会的根本。在礼治社会中，每个人都被赋予一定的身份与角色，每个人都清楚自己的等级，就会很自然地接受自己这个状态，同时为了成为更有面子的人，就会努力挤进一个阶层的圈中，这样下来整个社会就会安定有序，和谐发展。面子是"礼"在日常说话中最基本、最具体、最实际的表层运用。

讲到这里的时候，大家可以回顾一下我们之前讲的酸儒。为什么有些人会出现两张皮的状态？为什么会出现那么多里外不一的"酸儒"呢？这其实也是和"礼"有关的。当社会试图塑造不同阶层的角色时，每个角色都会有固定的外在形象展现在世人面前，身为这个阶层的人群，都会有意识地去展现且维护自己的形象。社会赋予了读书人这样一个身份定位：读书人是有学问的人、有身份的人，他们可以参加科举考试进朝做官。鉴于普通百姓对读书人的评价这么高，他们自然要维护自己的形象，虽然内心里可能达不到那种理想的境界，但是表面功夫还是要做做的，不能丢了读书人的脸不是？结果他们装着装着，就自以为高人一等了，看这不顺眼，看那觉得不合理，久而久之，酸酸的读书人就多起来了。当然一旦他们成功求得功名，就会有意识地里里外外来包装自己，使自己的言谈举止、行事作风都符合官僚阶层的做派。

就像我在思考自己一样，虽然我做心理学讲师也将近 20 年，在某种意义上，也进入了所谓的心理专家的队伍中。当我开工作坊或者讲课时，我就会享受到这个社会角色所带来的好处。但是如果你一直持续在这个状态，一直满足于这个身份，不进行内部的更新，那么两三年之后你就会被淘汰掉。当你不愿意被淘汰掉时，你还会继续装着专家的样子。如果别人没有和你交过手，不知道你的真实水平，可能仍会以专家的身份对待你；可是别人一旦识破你的伪装，你将会鸡飞蛋打，一败涂地。

唯有不断地更新自己，使自己从内到外都适应这个角色，都符合这个角色，你才能做到名副其实。一路走来，正是因为我的努力，我才获得了专家这个称呼，当然大家也是认同我的思想理念的。中国心理学会一共有一百多个理事，这些理事都来源于全国各个高校。成为中国心理学会的理事，就等于挤进中国心理学界的高层圈，学界是非常认可这种身份的，所以为了争得理事名额，学校里面也是明争暗斗的。身份就是面子，有了身份就等于有了面子，如果你是一个大家公认的专家，讲课费、出场费都会高很多；如果你是一个无名的咨询师，可能生存都是问题。

所以，在这样一个有"差序格局"的社会文化背景下，人们对于维护身份会花费很大的精力。因为社会大众会按照你已经拥有的身份和角色来对待你。一旦你进入这个阶层，你就会不愁吃不愁喝。比如说只要考进了编制，就相当于有了铁饭碗，一辈子不用愁了，我们今天依然还是这样的思想。

另外，"礼"对于言行举止也有一定的要求，比如笑不露齿，说话不能太高声等。有一位妈妈正因为吃饭嚼出了声，被女儿教育了一番。女儿觉得这种行为显得没有修养，妈妈却觉得我吃得津津有味，我在享受美食有什么错。

为什么儒家会制定这样的要求，这是他们为治理国家而提出来的规范。虽是为了维护封建社会的皇权，但更多的是规范民众的行为举止。"差序格局"把社会分为等级，它本身是有利于社会管理的。随着社会人口的增多，如果我们的文化创造不出管理社会的制度，社会的发展空间就会不够，等到矛盾积累到一定程度，就会产生战争，发生分裂，这样就不可能形成中华民族上下五千年的文化。

所以我们不要一说起中国文化，就觉得中国人爱面子，爱慕虚荣等，我们不能总是往坏的方向理解，我们应该看到礼是维护社会和谐，规范社会秩序的一种产物。正是因为"礼"的存在，我们努力维护自己的角色，积极主动地想成为更优秀的人，更有面子的人。从这一方面来说，"礼"是具有人文性质的，所以它才被保留下来。

女儿希望妈妈吃饭不要发出声音，实际上是不想让别人知道自己的妈妈是一个粗鲁的、粗俗的女人，她希望妈妈在别人面前是一个温婉的、优雅的女人。由此可见，这是一个爱面子、讲礼仪的女儿。所以对待吃饭发声的问题，我提议这位妈妈可以和女儿探讨一下，了解一下女儿心中理想的妈妈是怎么样的。另外，妈妈也是女儿理想自我的反映，表面上女儿是在要求妈妈，实际上女儿也希望自己更加优秀。原生家庭我选择不了，妈妈也不是理想的妈妈，但我却可能成为理想化的自己，我可以追求自己的理想自我。在我看来，女儿要求妈妈最主要根源是在这里。

为什么要讲"礼"？为什么要讲面子？因为"礼"的设定会让我们不自觉地按照这个要求去做事。如果没有按照这个要求，内心就会生出愧疚之意，以至于这种面子文化一直影响着我们每一个人。我们从文化中吸取优良部分，就有责任、有义务去优化那些不合时宜的、不利于家庭和谐的文化。

就拿我自身来说吧，我没上过几天学，能在心理学圈中占有一席之地，主要是靠自己的努力和拼搏奋斗来的。之前我是路边的小贩，现在呢？是拥有几千名学员的网校校长。之前我还想着怎么养家糊口，怎么交房租水电费，现在呢？虽不是说大富大贵，但吃穿住行完全是不用操心的，还在广州拥有了自己的别墅。正是因为辛苦地付出，让自己从一个默默无闻的穷人变成了一个有头有脸的名人。挣回了自己的脸面之后，那些无形资产也就慢慢来了，比如说我当讲师，听众总是满满的一大片，我在大会上做报告，也总有粉丝上台向我要签名。

儒家强调做人要有羞耻之心，我们的传统文化中就有厚重的尚荣明耻的文化。我们慢慢地在塑造羞耻之心，但是有些人会利用羞耻之心去控制他人。比如父母会利用羞耻心教育孩子：我们这么辛苦把你养大，你不学习，你对得起谁？这种教育模式如果成功了，小孩长大后，人格中就没有了自我。

我们的人格观要求人要有羞耻之心，羞耻之心主要是让自己要有自觉。这是一种自发的、主动的态度，是我们一直在宣扬的荣辱观，但是被那些激进人士用了之后，就立马成了囚禁别人的牢笼。

为什么要把荣辱观放在追求理想人格的内容里面，因为如果面子被我们利用得多了，我们就会失去本来的真诚。随之我们就会忽视真实，怠慢生命。所以我们崇尚中庸，摆正位置，不偏不倚，这才是精髓之处。

三、脸面与教养方式

因为中国文化重面子，与此相适应，中国的父代在养育子代的时候，特别注意让子代从小树立脸面意识。

子女的一言一行、一举一动，大凡有利于脸面维持或提升的行为，如子女在他人面前说话有分寸或学习成绩好等，多会受到长辈的赞扬，认为这是给自己和家庭脸上增光的事情；若是有损脸面的行为，像子女待人举止粗暴或学习成绩居倒数几名，多会受到长辈的责难，认为这是给自己和家庭脸上抹黑的事情。

这实际上是把成人追求的"礼"与"脸面"用在了教育上，

这也是我们今天的年轻人对有些传统教育很是反感的原因。父母只要一开口，孩子立马就摔门进房间。

现在处于社会高速发展的新时期，我们更多的是在追求自尊自信、理性平和的社会心态，所以我们的教育和文化都需要更新。

核心价值观就是文化更新的体现。运行心理学践行社会主义核心价值观，是从一个人的心理资本和心理品质去改良。当价值观一正，积极向上的文化风气就会展现。比如说我们今天在学校里讲善良、勇气、希望这些品质，就是希望学生能够放弃对面子的追求，让他们更多地去做自己。所以树立健全的核心价值观，有利于我们去慢慢调整我们的主流文化，当主流文化走偏时，就会被重新校正过来。

我一直认为我们做的工作，不只是心理健康的工作，我们也是在帮助一个人提升积极品质。当他能够做自己的时候，他就不会被外部的环境影响那么多，他会有客观分析的能力，他会知荣辱，但他不会被荣辱观与羞耻之心控制。

对于女孩而言，她会拥有独立的人格与品质，不会轻易做一些违背生命价值的事情；男孩也是如此，他不会放低自尊或者不择手段去实现自己的目标。如果一个老师想用惭愧疗法教育学生，注定是行不通的。

现在许多"90后""00后"喜欢看迪士尼的电影，迪士尼的很多电影都是有关爱的依恋的故事，比如说小孩子跟父母发生冲突，甚至离家出走，和爸妈断绝联系，最后父母会向孩子表明心迹：宝贝，无论你走到哪里，无论你做了什么，爸妈依然爱你。

一家三口抱头痛哭，重归于好。很多观众看到这里都会哭得稀里哗啦，是因为在这个情节上找到了共鸣，我们心里老想着外面的人怎么看我们，却忽视了家里面的那份爱与温暖。

所以我在做家庭咨询的时候，就会让来访者思考一些问题：你为什么要生下这个孩子？你想要他成为什么样的人？你现在的这些消极态度是什么来推动的？你到底在满足谁的需要？你会发现大多数来访者最后还是回到了自己身上，曾经他也是受害者，他受到了影响，导致产生了不正确的价值观念。

做父母的，需要帮助孩子树立正确的价值观与人格观。很多父母其实是用面子去控制孩子，而不是真正地在帮助孩子。孩子真正需要的是父母把自己当作独立的个体去尊重，去理解，而不是把自己当成附庸的一部分。

四、“你让我丢了脸面”

这里分享一个“丢脸面”的故事：一位年轻妈妈带着不到1岁的小宝贝回娘家，下午她请爸妈帮忙照看小孩，她出去和她的朋友见面。因为晚上要吃饭，回来就晚一点，她的小孩没有妈妈陪伴，在家里哭了。她爸爸就因为这把女儿打了一顿，并且很生气地说：“你知不知道你这么晚回来小孩子哭，楼上楼下的人都听见了，我们很没有面子。”这件事对年轻妈妈影响很大，她甚至开始怀疑父母到底是不是真的爱她。

这位爸爸，就连外孙哭一声，都觉得丢面子，还为此动手打女儿，我觉得这就是病态了。

这种事情其实不在少数，最常见的就是父母打骂孩子"考试考得这么差，把父母的脸都给丢尽了"。父母口口声声说疼我们爱我们，但是怎么看起来他们更爱自己的面子呢？其实这是整个社会的不良文化现象。

原因出在哪儿呢？就是大家都在装，装久了以后，我们生怕被别人拆穿，所以我们就不能允许有一点点被拆穿的可能性出现。外孙一哭，就暴露出他的女儿不会哄孩子了；他的女儿不会哄孩子就暴露了他没有养一个好女儿，他的家庭教育不行，他这个人挺失败。虽然这有点风马牛不相及，但是它潜在的逻辑就是这样。这位爸爸是什么身份我们不是很清楚，但可以肯定的是他是一个很要面子的人，他不允许别人对他的能力有所怀疑。对于有损脸面的事，他会非常敏感，甚至为此大发雷霆。其实这已经偏离了爱的本来方向。

五、挽救脸面常用的方法

丢脸面常常会使讲求面子的人产生尴尬、羞愧、耻辱、焦虑和自责等不愉快的情绪体验。因此，为了尽可能少地出现这种负面情绪，他们往往会约束自己的言行，一旦感觉做了丢面子的行为，就会采取某种补救性措施。最常用的有以下几种：

第一就是补救性行为。当事人会采取某些挽回面子的补救方法，如马上停止丢面子的行为、重新解释自己行为失态的情况、及时进行道歉与赔礼等，甚至在某些极端情况下，当事人感到极度羞愧，想要永远离开丢面子的环境，因而自杀。

第二就是报复性行为。当丢面子的责任在他人时，一些人常常采用这种报复手段，如刚才案例中的父亲对女儿打骂就属于这种报复性行为。

第三就是自我防御。面子一旦丢失，会让人的心理失去平衡。于是有的人就会采取自我防御的措施来挽回自己的脸面。如想办法掩盖已经发生的事或者假装什么事情都没有发生过，就像有的人在犯了错误后矢口否认，这就是避免丢面子。还有的人会在心中贬低对方，这就是所谓的"阿Q心理"。也有人会对一些可能引发丢面子的事件进行"合理化"的解释，如贬低渴望获得又无法拥有的东西，或者"找借口"以推卸责任。[①]

六、讲脸面的影响

对中国人来说，追求面子其实是具有一定程度上的积极意义的。因为当大家都认可了这种社会阶层的划分，就会心安理得地接受自己的状态，并且还会很努力地朝着上一个阶层去攀登，不会相互争斗。其背后隐藏着我们做人做事的心态以及道德自律性。只有内心有羞耻感意识的人，才会在与他人交往的过程中看重面子，进而在道德上产生利己利人，促使自己奋发向上的动力，成为一个完善的人。

比如说有人过年时参加同学聚会，他知道他的同学都很有钱，但他不去又不好。那怎么办？他也把自己装扮成拥有千万资产的样子。他去了以后再被他们一刺激，就想着自己要赶快努力，于

---

①汪凤炎、郑红：《中国文化心理学》（第5版），暨南大学出版社2018年版，第257-258页。

是春节回来，他就铆足了劲儿想要挣大钱，结果几年下来，他也有了千万资产。这就是讲面子的积极影响，它会刺激你去奋斗。

但是有时候并不是你努努力，就可以达到那个水平，这时候又该怎么办呢？有些人会选择继续装但是放弃努力，此时就会出现一些虚伪的人。这些人平时可能也不会出现什么纰漏，还是继续跟朋友喝酒，和名人合影。可是一等到被曝光，那些朋友就会纷纷选择明哲保身，没有一个人愿意帮他。这就是爱面子所带来的泡沫效应。

虽然明知道是假的，但还是乐此不疲。久而久之，我们的生活就会偏离真诚的本质。其实我们不需要为他人而活，但我们好多人就为了让他人觉得自己更好，让他人更加喜欢自己，而去做一些充脸面的事，甚至到了最后家人都深受其害。就像之前提到的那位爸爸，只是因为外孙的啼哭，他就感觉整个楼层的人好像都看不起他了，于是打骂了女儿一顿。虽然这位爸爸的行为可以理解，但这是病态的，是受到了整个社会不良文化风气的影响。

有个学员曾分享了这样一段经历："有一次带儿子去超市，儿子想要一个玩具，可同款的玩具家里已经买了好多个，我就不想给他买。他就站在那里哭，还拿脚使劲儿地踹我。一个老奶奶看到了，就走过来说：'玩具也花不了多少钱，给孩子买了吧！'对于孩子哭闹，我已经习惯了，毕竟是两个孩子的妈妈了，不在乎他多哭一会儿，我就对他说：'妈妈跟你说了不买，等你这儿哭完了，我们再走！'然后孩子就这么大哭，老奶奶也没离开，就在旁边一个劲儿劝我：'不就几块钱的事，我们家孙子每天都要买几个，你给他买了吧！'我当时真的是不想这样惯着孩子，就硬着头皮不给他买。不过随后想一想，孩子这么大了，我不给他买，孩子以后提起这件事，该多伤心呀，他会想，就要一个几块钱的玩具，哭了一个小时妈妈都不给我买，这妈妈得多狠心。我不想让孩子长大之后恨我。于是我就跟孩子声明：'这是妈妈最后一次给你买了！'"

其实这个孩子已经深谙面子之道，而且已经驾驭这种面子之道来达到自己想要的效果。这么小的孩子就懂得这么多，可见重面子这种文化已经完全浸染在我们的血液里了。正是因为这样，我们更应该去探讨它。

讲面子是我们传统文化的一部分，在这种文化背景下成长的中国人，不能与文化为敌。所以不要觉得讲面子就是坏的，就是虚伪的，这一点大家要搞清楚。另外，我们还需要注意的是，面子是自己挣的，不是别人给的。我们要通过自己的努力，走主流价值观的道路，为自己挣来脸面。他人对我的评价，以及我认为他人对我的评价只是面子的表皮功夫，虽也可作为参考指标，但并不是最根本的。自己对自己的评价，自己对自己的定位才是最根本的面子功夫。不过现在很多人对此理解都存在偏差，这才导致了拿面子来控制他人的情况出现。

我们中国人在寻找自己的理想人格，我们的理想人格是自己认同的，而不是别人强加给我们的。自己才是主体，自己才是规划者和制造者。当然我们也不能完全否定他人带给自己的影响，毕竟我们的自我观中包含着父母和妻儿，也包含着家族和朋友，但是这并不是核心，位于核心位置的还是自己。

第四章　中国文化的冲突与融合

中国历史上有三次大规模的外来文化传入。第一次是汉朝时印度佛教的传入；第二次是明中叶到清初，西方自然科学的传入；第三次是鸦片战争后，西方文化的全面传播，特别是五四运动时期马克思主义的传入。

一、印度佛教的传入

印度佛教传入中国，大体上经历了三个阶段：首先佛教依附于中国原有的思想文化而有所流传；其次，和中国传统思想文化发生矛盾和冲突；最后，被中国思想文化所吸收。[①]接下来我们就来细说一下这三个阶段。

大家知道佛教是不修仙术的，它不是教化世人修仙成道，长生不老。但是佛教刚传入中原时，老百姓就自然把佛教和道教联系起来，认为和尚和道士是一样的，也可以长生不老，有无边法力，请和尚来驱个神、赶个魔很是常见。当时印度的佛教徒，他们也是不知所措的，他们想澄清也澄清不了，因为民众根本不相信他们说的话，于是当时的佛教很自然就和玄学扯上了关系，东汉时期译出的第一部佛教经典《四十二章经》，也自称"佛教"

---

①汤一介：《从印度佛教传入中国看两种文化的冲突和融合》，载《深圳大学学报（社会科学版）》，1985年第3期第83—89页。

为“佛道”。

那时佛教所讲的内容大体是“精灵不灭”“因果报应”之类。所谓的“精灵不灭”就是“有鬼论”的思想，《诗经·大雅·文王》就有所谓“三后在天”“精灵升遐”之说。“因果报应”与儒家的“福善祸淫”的思想相贯通。

汉末魏初，翻译的佛教经典一天天多起来，这时佛教在中国分为两大系统流传：小乘佛教——重禅法，心神明静，专往一心，和当时的道家、神仙家的呼吸吐纳之术、养生成仙之说颇相近；大乘佛教——讲般若学，人生的根本道理最重要的是使“神返本真”，这深受老庄思想影响。

为什么印度佛教要依附于我们原有的思想？因为我们主观上会把佛教和本土文化相连接。那时期佛经的翻译，跟儒家经典里面的《二十四孝》是有点类似的，这就导致了原本的很多意思被曲解了。可是不这么翻译，佛经就没有市场，就没有多少人关注。所以，为了更迅速、更有效地宣传推广佛教思想，其必须依附中国传统的思想，不能直接标榜“我和你不一样，我是佛教，你是道教，你是儒家”。不过佛教思想毕竟和我们本土文化不是一个体系，在依附的过程中难免会出现磕磕碰碰，发生矛盾和冲突。

如关于沙门是否应敬王者，即出家人见了皇帝要不要磕头，此时有一些得道高僧，经过很长时间的争论，说服了政府官员和皇帝，最终允许了出家人不跪王者，这是佛教进入中国后取得的一大进展。而且当时的梁武帝信佛不吃肉。皇帝都不吃肉，底下人谁还敢吃！于是就慢慢形成了信佛之人不吃肉的规矩。现在寺庙的好多戒律，晨钟暮鼓早晚课，出家人应该有什么礼仪形象，在外面应该怎样为人处世，都是梁武帝时期制定的。

关于僧人是出世还是入世，也一直争执不休，历史上有段时期一直在"杀佛灭佛"。不过佛教在矛盾当中没被消灭，最后还基本保留了印度佛教的样子。现在的佛教协会，其宗旨是团结、带领全国各民族佛教徒爱国爱教，拥护中国共产党的领导和社会主义制度，并且佛教徒还讲究报"国家恩"与"父母恩"，这都是本土化之后的结果，现在佛教组织已成为实现中华民族伟大复兴的一股力量了。

其实佛教能融入进来，也是占了天机，因为魏晋时期是汉族人和少数民族的融合时期，那个时期相对来说是开放的，借助这个机会，佛教才有机会融入进来。印度佛教在隋唐以后为传统文化所吸收，出现了中国化的佛教宗派。隋唐时期是文化的大繁荣时期，我们抱着开放的心态来接受佛教文化，不再需要花费精力去防御它。大家要知道一个人什么时候会最开放吗？那就是自己强大的时候。强大了就自信，自信了就敢接纳。当时的隋唐就是这样的情况。

到了宋朝，佛教则为儒家文化所吸收，形成了宋明理学，即新儒家学说。我们知道，儒家思想中有一部分是比较腐朽的，此时的佛教就像一股清流，把腐朽的部分给冲洗掉了，这才有了新儒学。

我最近在观察历史上的名人，他们其实都有思想融合的经历。就拿苏东坡来说吧，他遭遇了那么多的挫折，如果不是修佛的话，外面的风言风语和社会的各种世俗，包括政治上的斗争早就把他击垮了，他还怎么坚守内心的价值观？怎么做到"莫听穿林打叶声，何妨吟啸且徐行"呢？正是佛家崇尚的修心让苏轼找到了一条更好的人格修行之路。我们原来的修行方法，即中华十六字心法——"人心惟危，道心惟微，惟精惟一，允执厥中"——在这里得到了更新。

唐代的佛教宗派天台宗、华严宗和禅宗是中国化的佛教，这三个宗派所讨论的问题有心性问题和理事问题，由此延伸出来程朱理学和阳明心学。理学根本特点就是将儒家的思想体系更加地逻辑化和真理化，这使得理学具有极强的自主意识，形成了"理高于势，道统高于治统"的政治理念。

不过崇尚理智，就会忽视内心的修炼，而我们中国人更倾向于心性的管理。佛教的创始人释迦牟尼崇尚的就是修心，最后修行的境地已经达到放弃我执了。所以，要打造一颗金刚心，如果你还有那么多的道理可讲，你还有那么多的放不下，那你还怎么打造？所以礼学不符合主流思想，自然会被心学代替，这也是明代科举考试以程朱理学为宗的时代很短的原因。

我们中国人管理内心，主要凭借十六字心法，佛教的传入给我们注入了新的养分，更好地帮助我们去管理自己的这颗心，让我们在追求道的过程中更有办法。就像现在我们做心理咨询，如果整天研究心理学的理论道理，但是不修心，那怎么能做好咨询？只有修炼自己的人格，己所不欲勿施于人，内心慢慢变得刚强，然后咨询方法策略也都熟悉，这样才能成为一名出色的咨询师。

　　王阳明就更倾向于心性的修炼，日本的明治维新主要就是运用心学的思想。日本的大企业家松下幸之助，他写的书基本上都是我们的心学思想，就是"致良知，知行合一"这一套体系。讲到这里就不禁要思考一个问题：为什么心学在国外会运用得很好，而在国内却不能很好地发挥作用呢？我举个例子来说，有两间屋子，一个屋子是空的，你拉来一台机器直接往里面一架就可以开工；而另一间屋子里老机器一大堆，你根本就搞不清楚哪个机器能用哪个机器不能用。心学在国内不能发挥很好的作用也是这个理儿，我们的文化太博大精深了，我们不清楚这一套体系是否有用。中国武术进不了奥运会，跆拳道却可以，同样也是这个理儿，跆拳道的招式简单，容易评判；中国武术招数太多，花样太多，容易把人搞晕。

　　现在有人主张丢掉原来的文化，轻装上阵；有人主张传统文化是最好的，我们一定要好好尊崇。所以现在传统文化教育就有两类人：一类是全盘否定，一类是唯我独尊。在我看来，这两类都有问题，只有中西合璧，洋为中用才是正道。

二、文化自信

　　了解了佛教传入的历程，不知大家有没有感受到我们中国文化的包容与开放。如果没有我们遵守的中庸之道，也就不会产生这样的历史发展，没有这样的历史发展，也就不会有佛教的传入，也就不可能会有这样的一个融合。

从某种意义上来讲，中国传统文化与外来佛教文化的融合，也是我们中国人在不断的进程当中选择的。正因为我们一开始就有了包容开放的认知与价值观，外来文化才可能传入，也正是因为我们吸收了外来的文化，才有中华文化的绵绵不断。所以对于我们的文化，我们应该抱着自信的态度。

现在其他国家对中国文化的了解是不够的，他们不清楚中国人的人心、人格。虽说一些外来学者也在研究中国人的人格，比如说他们知道面子是理解有关中国人的一系列复杂问题的关键所在，这话放在普通百姓身上是很适用的，但是在政府层面，它就显得不那么合适了。另外，我们对自身文化的推广也是不够的，这要看心理学家、社会学家、文学家、艺术家等这些新时代的社会精英，怎么能够运用他们的思想或者作品来推广中华文化。推广文化不单单是国家的责任，也是每个中国人的责任。

现在的"一带一路"其实就是很好的机会，它高举着古代丝绸之路的历史符号，不仅可以积极发展与沿线国家的经济合作伙伴关系，还可以共同打造文化包容的利益共同体，为世界输出智慧。

三、西方自然科学传入

明代万历年间，以利玛窦为代表的西方传教士来华传教，同时带来西方科技、文化等。此时的西学文化传入，主要以传教士和一些中国人对西方科学著作的翻译为主，当时对中国的影响主要在天文学、数学和地图学方面，由于只在少数的士大夫阶层中流传，而且大部分深藏皇宫，没有得到很好的普及。这一阶段的西学东渐，由于雍正的禁教，加上罗马教廷对来华传教政策的改变而中断，但较小规模的西学传入并未完全中止。

19世纪60年代到90年代晚清的洋务运动，更是致力于引进西方先进的科学技术，他们打着"师夷长技以制夷"的旗号，企图以学习西方的长技来抵制西方的侵略。虽说这使中国出现了第一批近代企业，但仍没有改变清政府被侵略的命运。

孙中山先生曾在《建国方略》中提出："夫国者，人之所积也。人者，心之所器也。国家政治者，一人群心理之现象也。是以建国之基，当发端于心理。先奠国基于方寸之地。"就是说国家要富强，必须在人心上下功夫；国家要建设，必须先把人心建设起来。这是《建国方略》中的第一篇"心理建设"的内容，可见孙中山先生已经意识到国家的根基是建立在国民思想之上的。

在这一时期，虽说当时中国一些士大夫及皇帝接受了科学技术上的知识，但是在思想上基本没有受到影响，这对社会以及文化的发展，是没有起到多大推动作用的。

四、鸦片战争后西方文化的传播

对传统文化产生深远影响的是西方文化的全面传播。中国近代的文化冲突与融合开始于第一次鸦片战争，中国被迫从闭关锁国走向世界，从"洋务运动"中的"体""用"之争到"科玄论战"再到中国特色社会主义的"科学""民主"。

洋务运动崇尚"中体西用"，即学习西方的技术以抵制西方的侵略道路，限制西方文化的传入。其实这个时期清政府是被迫学习西方技术的，被迫从闭关锁国走向世界，所以当时就出现了穿着西装打着领带的人和留着辫子的人坐在一起谈论国事的场景。就这样，西方文化一步步地渗透进来，推动着历史的车轮向前发展。

不过西方文化崇尚功利至上，而我们的文化讲究以道立国，于是在价值理想上就形成了尖锐的冲突，如康有为的"西方物质，中国道德"，孙中山的"西方科学，中国国粹"，梁漱溟的"西方理智，中国理性"等，进而引发了20世纪20年代的"科学"与"玄学"的论战，又称"人生观论战"。这场论战虽然已过去90年，但论战涉及的问题至今仍未彻底澄清。[1]

我们先来了解一下这场论战的两个派别：科学派与玄学派。科学派针对传统文化及社会现实缺乏科学理性的了解，强调科学对人生观的积极影响。但无论如何，科学不能包办人生观的问题。玄学派正是看到科学方法在人生观问题上的局限性，强调人生观以及"精神文明"的重要意义。

这场论战的爆发源于一场演讲。1923年2月，张君劢（mài）在清华大学做了"人生观"的演讲，对科学主义"科学万能"的思想倾向提出批评，这被地质学家丁文江斥为"玄学"，称张君劢"玄学鬼附身"。张君劢也不甘示弱，发表文

---

[1]彭泽平、姚琳：《科学、人文的紧张与冲突——20世纪20年代初科玄论战的文化与教育省察》，载《西南大学学报》（社会科学版）2008年第34期，第118-125页。

章回击丁文江，并继续捍卫自己的观点。之后大量学者参与"二人论战"，玄学派的代表人物梁启超认为人生观问题是宇宙间最大的问题，不单单靠科学就能解决的。科学派的代表人物胡适却不这样认为，他把张君劢比作孙悟空，而把"赛先生（科学）"和"罗先生（逻辑）"比作如来佛；认为玄学纵有天大的本领，也跳不出科学的掌心。大家各自站队，"两人论战"升级为"两派论战"，一时间，唇枪舌剑，学术界一片繁荣。后来"唯物史学派"（或马克思主义学派）参与论战，论战从两派发展为三派。"唯物史学派"以陈独秀、瞿秋白、邓中夏为首，主要引入马克思主义学说。"唯物史学派"虽在两条战线上战斗，但后来居上。

在这场论战中，玄学派虽说看到科学方法在人生观问题上的局限性，但是它将宋明理学、封建礼教当作精神文明的倡导，用来制约物质文明，则是大错。这就像我们学心理咨询技术，即便你会的技术越来越多，你做得也越来越好，如果你没有修心，你永远也成不了一名出色的助人者。

五、以文化的视角看历史

我们来思考一下，为什么会有这样的论战呢？这个论战其实不是单纯地由张君劢和丁文江引发的，而是受文化动力的影响。要知道人是社会的产物，是社会文化动力推动下的产物，在文化这条长河中，每个人都是被裹挟着前进的。不管新中国建立也好，改革开放也好，都是历史潮流在推动。历史的潮流，不是说你想让它起它就起，不想让它起它就不起，它是流到哪里，哪里就要起浪花的，如果你正好站在浪花的位置，那恭喜你，你可以乘风破浪。

从这个角度来说，我们不能仅仅依靠人为的视角，而要以文化动力的视角去看历史，去看现实的发展。站在动力的视角去看历史的发展，就倾向于客观。这个人为什么会说那样的话，是受外部环境的影响。父母们为什么不允许孩子哭？也是因为外部的压力。

百年来，我们不断探讨如何取之精华而弃之糟粕，近四十年来，西方的理性文化与东方的德性文化似乎找到了契合之机。对待中国古代文化，我们摒弃了全或无的错误理念，坚持"古为今用"，弘扬传统文化；对待外来文化，我们也积极吸收其优秀成果，坚持科技文化与人文文化的和谐发展。

第五章　中国人的自我观

　　中国传统文化的主流习惯于以"仁"定义"人"，这一过程的实质是将明确的"自我"疆界铲除掉，以打通自我与他人的关系。结果，造成中国人对待"自我"疆界的一个普遍态度与做法是：他或她只要不是一个极端自私的人，一般都不会将"我"与他人的界限划在"我"的身体实体的边缘，而是将"我"扩大到包括与我有特别关系的"他人"，像父母、子女、爱人，将这些"他人"看作是"自我"的延伸，他们的喜怒哀乐也就是"我"的喜怒哀乐，"我"也可以代他们说话、许诺……

　　汪凤炎老师在《中国文化心理学》[①]这本书中，对中国人的自我观进行了细致的解读。以下我们借鉴汪老师的思路，来论述自我观。

　　①汪凤炎、郑红：《中国文化心理学》（第5版），暨南大学出版社2017版，第79-80页。

一、中国人的自我观

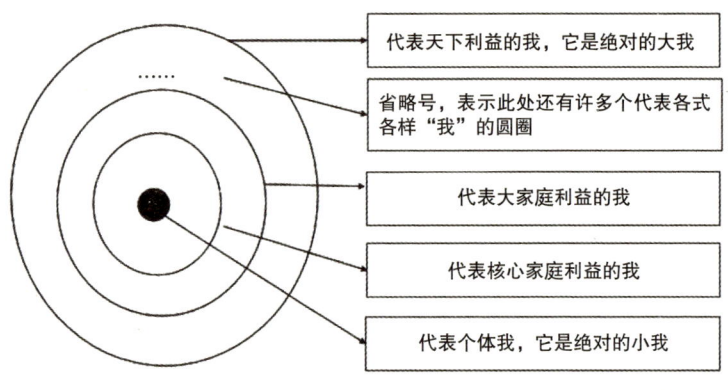

代表天下利益的我，它是绝对的大我

省略号，表示此处还有许多个代表各式各样"我"的圆圈

代表大家庭利益的我

代表核心家庭利益的我

代表个体我，它是绝对的小我

中国人的自我示意图

　　根据这个插图，我们可以很明确地看到中国人的自我界限。中间的点代表的是个体我，就是绝对的小我，我就是我自己。圆心外面的那一个圈代表的是核心家庭，现在一般是父母＋子女，这代表家庭利益的我。

　　为什么要把他人放进自我的范畴呢？因为他人也涉及我的利益，他人也是我的一部分。有时候我们会去控制他人，就是因为他人和我的利益挂钩。第三个圈代表的是大家庭利益的我，大家庭一般是指祖孙三代同堂的家庭。当然现在的家族可能会更大一些，比如叔叔伯伯，外公外婆等，这些也是包含在里面的。"……"表示此处还有许多个代表各式各样"我"的圆圈。比如说我是一名军人，军队那些战友同事，也代表着一个我，这是职业层面的"我"；我是一名老师，有人讲了老师的坏话，我自然要反驳，因为他的话也触及了我。最外面的一条代表天下利益的我，它是绝对的大我，包含着自己国家甚至是全人类的利益。

根据自己的情况，我们可以假设一下，除去了他人和外部的"我"，个体"我"还剩下多少？我曾经创造过一个技术，叫作"剥洋葱，找自己"，这个技术就是展示真实自我的工具。下面我来简单介绍一下这个技术。

假如你是一个洋葱，最接近他人的部分，肯定是离自己最远的部分。那么，这一部分是怎么造成的呢？究竟是什么原因使我们把自我重重地包裹起来呢？我们现在身上的外壳，其实是为了得到社会和我们周围人的接纳才穿上的，比如，我们希望得到别人的称赞，从而让自己变得乖巧、能干；为了让别人认为自己通情达理，而掩饰自己真正的需要。我们过于在乎别人的看法，于是穿上各式各样的保护衣。其实这并不是我们的保护衣，而是软禁自己的房子，而现在我们就是要攻破层层的关卡，把自己解救出来。

具体的操作流程是这样的：我给团体中的每个人发一个洋葱，然后带领大家剥洋葱，每剥开一层，冥想自己内心对这一层的链接，体会当下一闪而过的念头，察觉当下内心呈现出来的冲突与焦虑。冥想体验后迅速在纸上记录下来，尽量用意识流的方式，不做理性思考。洋葱剥到最后一层，对着洋葱的核心进行一场"我与自我的对话"，表达形式可以是诗歌、对白与绘画等。

做过这个技术体验的成员，很多都哭了，除了被洋葱的味道熏哭之外，更多的是体验到了自我的缺失。我们的自尊、自我价值观、自我认知都是慢慢在与外界的互动中形成的，如果把这些受外界影响的自我统统去掉，只考虑个体我的一部分，那还有内容吗？这可真是少得可怜了，这就是中国人的特点。

二、考虑他人，崇尚合作

我们的社会非常讲究人情，是以“人伦”为经、“关系”为纬组成的上、下次序紧密的社会。“人伦”包含父子有亲、夫妇有顺、君臣有义、长幼有序、同事有信。另外，我们的社会着重个人对社会的责任和义务，着重“大我”的培养，认为“大我”幸福是“小我”幸福的先决条件。

在这样一种文化背景下，合作就变成了人际相处的主要原则，我们提倡合作，反对竞争，既然大家都倾向合作，那对竞争的考虑就少了。如果竞争当中出现了冲突，我们更多倾向的是靠自觉，因为中国人有向善的观念。比如要求当事人摸着良心感受一下，到底自己有没有做错。崇尚自觉就需要完善的社会制度。社会制度的完善不是我们主要考量的，我们会把精力主要花费在怎么和别人合作上。现在父母教育小孩，也是教孩子怎么和别人合作，而不是怎么和别人竞争。如果小孩和别人发生冲突，很多父母的直觉反应就是“你不打人家，人家打你干什么”，于是就扯着孩子耳朵向人家道歉。

人类活动分为竞争和合作两种，而我们的文化是不提倡竞争的，我们对竞争采取的是防御政策，合作才是我们的主流活动。那么在这样一种情况下，我们合作就要考虑到他人的利益，合作就要有参与，就要有付出，就要有奉献，就要有责任，就要有大我，慢慢地，我们就形成了"我为人人，人人为我""独乐乐不如众乐乐"这样的人际交往模式了。

如果你只考虑自己，你的良心就会不安，就会感觉有压力，因为大家都在崇尚合作，你就会在内心嘀咕：我这么做是不是太自私了呢？为什么孔融让梨这样的故事被广泛推崇，这背后就是有性善论做支撑的。因为你选择了人性向善，你就选择了我为别人好，慢慢地你就放弃了竞争，选择了合作。

事实证明，合作让我们走得更长远。大家想，有多少事情是通过合作完成的。当然，人类在进化的时候，没有竞争就没有淘汰，那人类还怎么生存下来？所以我们要在合作中穿插着竞争，我们追求的竞争是善于合作的人把不善于合作的人给"PK"掉。这不是说他有吃的，我没有，我把他的吃的给抢走的这种竞争。

三、注重关系

中国人一贯主张人是关系的存在，因此中国人的自我里除了包括我的名字、年龄、地区、职业外，更强调同他人，如父母、朋友、同事的关系。所以我们在介绍自己时会说，我是谁？我爸爸妈妈是谁？这时就把父母纳入了自己里面。

我女儿最讨厌别人说她是韦志中的女儿，她也是学心理学的，现在已经毕业出国深造了，她对她的小伙伴说："总有一天，我要让他们说这是韦阿香的爸爸。"这是她这个年龄段的小孩所表现的。所以我的讲课活动她不会参加，她参加以后大家会羡慕她，大家会觉得她爸爸这么厉害，以后她也一定会前途无量。她不要这种羡慕，这种羡慕对她来说是一种控制。所以我的重大活动也不会叫她，她有她自己的学习道路。

中国式的自我实际上是对人我关系的认知。孟子的五伦关系强调：父子有亲，君臣有义，夫妇有别，长幼有序，朋友有信。其中忠、孝、忍、悌、信为五伦关系的基本准则。其实五伦关系不仅在古代，就是在当今社会也有重要意义。不过根据现代社会的需求，我们需要对旧五伦进行重新的解读。如将"父子有亲"的外延扩大到父母与子女之间；将"君臣有义"改为"上下有义"，虽说君臣关系在现代社会不再存在，但领导与被领导的关系依然存在；将"夫妇有别"改为"夫妇有顺"，鉴于现代社会离婚率攀高的局面，夫妻之间需要理解、信任与宽容；另外，"长幼有序"范围也需扩大，它不仅是家庭内容的兄弟姐妹关系，而且也是社会中按年龄大小确定的待人接物的准则，也可以理解为成年人与未成年人之间的关系。

其实不管是旧五伦，还是新五伦，都在强调一个现象：我们注重关系。

四、认清自我

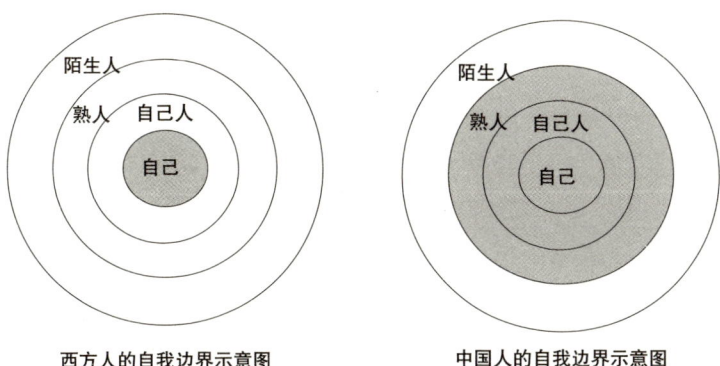

西方人的自我边界示意图　　　　中国人的自我边界示意图

中国人和西方人的自我边界的区分是很明显的，西方人的自我就是自己，但我们的自我不但包含自己，还包含自己人和熟人。

我之前讲课的时候，总会不经意间提起我和某个很厉害的人物有关系，顺带就会讲一下我和他是怎么认识的，有什么关系等，当我讲这些话时，大家对我也会高看一眼。我有时候也在反思，我这样消费别人，看似强化自我，其实是在弱化自我。我们不需要别人给我们壮胆，我就是我自己，但我们已经形成了这样的思维模式。

现在我已经意识到了这个问题，在讲课的时候也避免提到我和某人的关系。就算绕不过去这个人物，我也只是简单地点到为止，不再强调他是我的一部分了。就像上面提到了自我边界，我们在介绍自己的熟人时，实际上是把他纳入了自我的体系中。以前我们会把它理解为自卑，我们需要一些老师、前辈或者是一些权威人士来为自己站台，不过现在我们更多的是在做事情，不再纠结自我了。

我们现在要转换一下认知，自己就是自己，熟人就是熟人，熟人不是自己的一部分。当有人主动问起你和某人关系的时候，就算你和他再怎么熟悉，你也不能表现出很熟悉的样子，你只需要淡淡地回一句"我和他只是认识"就行了，这就是主动性地切断我和他人的自我链接：我是我，他是他，他是我的熟人，但不是自我的一部分。这样做并不妨碍你们之间的关系，并不妨碍他需要你的时候，你去帮助他。

五、缺乏独立自我

我们的自我观注重"社会我"和"大我"，这显示出中国文化所强调的做人要有"共生"取向，要以"以心交心"的方式对待他人。这是我们自我观的优点。

但是我们的自我观少有独立的自我，"个人"几乎从未被真正发现与肯定过。就算做错事，也不单单是一个人的错，家长、老师甚至朋友也都有过错。越是有自我的人越爱惜自我，越是没有自我的人，凡事都想着别人会去处理，自己不去承担那么多责任，做错事了，就会把责任推到别人身上，这就会导致一些不道德行为的产生。

这种观念不利于自由民主观念的养成。因为民主需要有承担责任的能力。就拿选举权来说，你能为自己的行为负责，那你才有选举投票的权利。你不光有投票的权利，你还要有投票的责任，你投完票之后还要履行你所选择的结果，这才是民主。

六、自我的觉醒

现代社会正在进行经济与文化变革，我们的自我观也会随之发生变化，很多人的自我意识正在慢慢觉醒。这是塑造自我的机遇期，我们追求理想自我又到了一个新的阶段，而且帮助别人，也到了一个好的阶段。就像好多人要脱掉旧衣服换新衣服，你可以上去帮忙；好多人要从河这边去到河那边，你就可以做渡人的工作。不过有些人跟不上步伐，在与他人的互动中，就会出现矛盾冲突的一面。

就拿父母来说吧，其实从孩子出生之后，很多父母就已经没有自我了，他们的自我就是自己的孩子。孩子不幸离开了，那他们就没法活了。孩子长大了，结婚了，有些父母还是觉得孩子是自我的一部分，依旧整天围绕着孩子转，否则就觉得心里空落落的。但每一个生命都渴望自己是独一无二的，是自由自在的，他不希望有这么一个"摄像头"整天跟着自己，由此就导致了现在的亲子冲突。

除了亲子冲突，夫妻关系也在慢慢恶化，这话怎么说呢？以前都讲究男女合作，女人要依靠男人才能活下去，男人要依靠女人才能传宗接代。现在不一样了，女人就算不结婚，也依然会生活得很幸福，那些认为一个人生活会很累的人，完全是受文化观念的影响。

女性现在正慢慢走向独立，现在离婚现象很普遍，甚至每年都还有上升的趋势，这背后就反映了传统文化的约束力越来越小，我们的自我观也慢慢靠向自己，会有很多人不计后果，大有"海阔凭鱼跃，天高任鸟飞"的气势。当然这里我并不是鼓吹大家离婚，只是说明它是一个趋势。

当下的中国社会，人们开始更多地追求自我，通过离婚数据我们就可以看出来，另外关于"生不生宝宝"的争论也是一个有力的证据。现在一些"80后""90后"不愿意生孩子，原因就在于他们不想让宝宝来打扰自己现有的生活。

我不知道大家有没有这种经历，我原来20来岁的时候，跟很多人睡在一个房间里也不觉得别扭。现在我出差，基本上都是住单间，如果被安排和其他人同住，就会感觉很不舒服。我们原来的人格模式是你中有我，我中有你，吵吵闹闹过一辈子；现在人格独立了，就不太容易让他人进入我的世界。

未来的亲密关系，更多的是一种合作式的自我。当然最近的20年，我们还会保持已有的关系模式。我为什么敢这样断言呢？就拿我之前做工作坊来说吧，我创作了一个"我的父亲母亲"这个技术，"70后""60后"的学员都可以在这个技术上获得成长和自我认识，因为这个技术涉及自我与重要他人的关系。但是对于"80后""90后"这一代，他们对这个技术完全不感兴趣，觉得没意思，他们追求的是生命的意义或者精神层面的更高级的东西。所以在以后的心理咨询中，对于"90后"人群，应该做出一些调整，进行升级换代。

我有时候也在思考，我该如何让大家在玩的状态中也能体会到成长，让大家在放松的状态中能有所收获，这将是我努力的方向。未来的人会更多地拥有独立人格，自我部分可能占80%，父母及他人可能占20%。现在我们正好反过来，80%是他人，20%是自己。不过这个比例可能在十年后就会被翻盘，国家统计局的数据显示：截至2018年年底，我国老年人数量接近2.5亿，根据现有的医疗水平，未来十年这个数据又会有大幅度提高。现在社会的主导者，到时候就会退休或者即将面临退休，年轻一代将会是主力军。面临这样的局势，如果你不更新，你不进步，就会面临被淘汰的风险。

说到这里，大家也不要担心，毕竟我们的文化也会随着政治经济的发展而不断地更新，不需要我们操那么多的心，只要你跟着走就行了。这就好比水在往前流，你跟着走就一定能找到尽头。

现在是2020年，离2035年基本实现现代化还有15个年头。10年是一个非常好的时光，现在我已经四十多岁了，在接下来的十几年里我应该怎么活，这是非常重要的，如果我把时间利用好了，就可以产生很大的效果，给自己的人生一个很好的交代，这也就达到了自我实现的状态。

第六章 中国人的思维方式

对于中国人的思维方式，汪凤炎老师在《中国文化心理学》中讲述得很详细，他总结出中国人的七大思维特征：善用整体思维，推崇辩证思维，向往中庸思维，习惯权威思维，讲究实用思维，爱用形象思维，喜欢循环思维。[①] 这里我就不一一展开论述了，重点挑选几个来和大家一起探讨探讨。

一、讲究实用思维

实用思维是指注重从实用角度出发看待问题、思考问题和解决问题。[②] 绝大多数读书人之所以发奋读书，大都不是将追求真理或智慧作为终极目标，而是将读书视作获取权力或财富的手段，所谓的"书中自有黄金屋，书中自有颜如玉，书中自有千钟粟"就是这个理儿。

中国人讲究实用思维，其实一部分原因是受地域文化的影响，因为地域大，人口多，我们需要参与更多，才能满足我们的基本生活。就像以前，如果不跑那么远的路，不去那么辛苦地干活儿，你怎么能吃得饱？不过现在大家基本上不用为温饱发愁，如果还用以前找食物的模式来面对此时的发展，就有点儿不合适了。现

① 汪凤炎、郑红：《中国文化心理学》（第3版），暨南大学出版社2008年版。
② 同上，第610页。

在我们应该主动追求发展机遇，主动学习成长。

不过，以往的行为模式已经深深扎根在心里，我们的思维模式也已经固化。现在，一方面我们要追求幸福，追求心态平和；另一方面传统的思维方式又在催促我们快点行动，不然就来不及了。我们的社会就处在这个矛盾期。

比如说，国内某些老板到一些地方旅游，本来是要放松心情的，结果一看这个地方有商机，就直接和人家谈起生意来了。在他们眼里，谈生意能挣钱，这是有用的；放松心情，挣不了钱，没用！能不能挣钱就是衡量有用没用的最高标准。

每个中国人基本都有这样的实用思维，我也一样。如果我做的事儿得不到他人的理解，我就不会再和这个人来往。慢慢地我就想，我应该多交一些朋友，即便在这个地方他对我没有帮助，也许下个地方就会派上用场的，这又是一个实用思维。我们很难逃得出这个思维模式。

二、习惯权威思维

所谓习惯权威思维，指凡是权威所提出的观点、意见或者思想，无论对与错，都将之视作毋庸置疑的"真理"，从而全盘接受的一种思维方式。[①]习惯权威思维主要有以下几种表现方式：迷信权威人物、尊崇权威著作、喜欢求同思维。接下来我们一一来说明。

①汪凤炎、郑红：《中国文化心理学》（第5版），暨南大学出版社2008年版。

首先来说迷信权威人物，我们对待名人的学问和理论，多采取不敢怀疑的尊重式接受。[①]这使得一些变法之士，往往假借圣贤之士来表达自己的改革或改良思想。

同样受崇拜权威人物心理的影响，中国人一向有“尊重长辈”的规矩：在任何情况下，如果你的长辈在场，你应该尊重和听从他们。教师是父、君的代表，学生在课堂上应该保持安静，复制老师认为重要的东西或照着老师的指令去做来表示对老师的尊敬。

其次，由于尊崇权威，进而就出现了尊崇权威著作的现象。中国古代的教育自启蒙开始就教儿童背诵先贤的文章，先从启蒙教材如《三字经》和《千字文》背起，然后是《论语》与《易经》之类的经典文献。一本背诵流畅后，方可背诵另一本，这就是所谓的“包本”。在这种传统的长期熏陶下，许多中国人养成了保守的心态：当一种新事物出现时，一些人习惯从经典著作中去寻找依据，不这样做，心里就感觉不自在、不踏实。

最后，由于尊崇权威，进而就喜欢求同思维，尽可能地使自己的想法与权威相一致。中国人习惯“依葫芦画瓢”，习惯“照着”或“模仿”权威去说、去做；并且，在中国文化里，像“英雄所见略同”之类的话语，因带有较强的求同思维，一般多具褒义；像“标新立异”之类的词语，因带有较强的求异思维，一般多具贬义。

①侯玉波、朱滢：《文化对中国人思维方式的影响》，载《心理学报》2002年第34期，第106-111页。

三、注重怎样更好地做人

中国传统文化是一种伦理道德型文化，致使古代中国人将主要精力放在思考"怎样更好地做人"这一问题上。从而使中国人的传统思维方式带有厚重的人生智慧色彩，善于以人为思维对象进行"人化思维"，忽视以客观事物为思维对象的"物化思维"。

我不知道大家是怎样的一种状态，有关注我朋友圈和微博的读者都会注意到，我基本上每天都以不同的方式在思考，思考怎样做一个有价值的人，怎样做一个优秀的人，怎样做一个幸福的人。我在做心理学之前，其实也是天天在思考，那时候思考更多的是以如何成功为导向。当然不管是思考如何成功，还是思考如何做一个有价值的人，这种思维更多的是站在自我的角度，以我为出发点，这是人化的思维，不太容易跳出来，这是我们思维模式存在的不足。

现在是大数据时代，有些手机软件（APP）具有记忆功能，它会专门推荐一些你感兴趣的内容。一开始你会觉得挺有掌控感，这些内容满足了你的需求，慢慢你就会发现，其实你被掌控了，它们越满足你，你就会变得越狭隘。你已经消化不了其他东西，你只会听那样的音频，看那样的文章。

我们网校放了 71 门课，为什么要放这么多呢？其实这里面就涉及"阴谋论"。放这么多的课，你就没有时间看其他的课了，这是一个"阴谋"。我用尽全力让大家在这里学，学有所成，学有所用，你再去学其他老师的课程时，就会带着跟我学习的烙印，用我的上课标准去评判他，这是第二个"阴谋"。之前就有某地方的教育处长跟我反映：我们的人都中了你的毒了，只要一上其他老师的课，全部都是和韦志中做比较的。其实我也是在利用这种以我为导向的思维。这其实也是我的一个"阴谋"。

如果我们跳出这个思维的话，我这个策略就没用了，这话怎么讲呢？能跳出这个思维的人是具有客观认知能力的，这种客观认知能力不再取决于我们吸收多少，这个老师教了多少，而是在于我在这个当中看到了什么。所以我一直在鼓励我的学员，如果你会学习，就参与进来，不要一上来就判断这个不好那个不好，你用自我的视角来衡量别人，那你还跟别人学什么。

就拿上次工作坊的事来说吧。大家都在做体验，但有位学员一直在外面徘徊，他不愿参与进来。他就觉得那没什么用，帮不了自己。他跟网校的副校长周昱表达了想法，周昱就跟他说："你先把过去的东西放一放，这次就当作啥收获也没有，只是进来看看。"他同意了。活动的最后环节，他参与了进去，并且还写纸条哭着感谢周昱说："这一次我收获到了！"

改变有时候就是在这一刹那。作为老师，我们在教授别人知识的时候，还要教他怎样进入那个知识体系。从某种意义上来讲，就是改变他的思维方式。但思维方式是很最难改变的，我之前在面试渡老师的时候，曾这样说："我不怕你不会，我怕你原来已经有一套不知道什么拳，已经练得密不透风了！"就是这个理儿。

渡老师团队中有个女孩，电话交流总是很热情，我就感觉她是一个热情如火的人。结果面对面交流时，她只说了句韦老师好，就往那儿一坐，一句话也不说，整个人看上去冷冰冰的。我当时就感觉怎么像两个人，于是就试着和她对话，我说你是不是在防御。她就感觉我是在教育她，态度很是反抗。我说她防御系统强，她还不承认，这就出现问题了。

问题一定是在做事的过程中暴露出来的，在心理咨询中，我总是讲以前发生在我身上的事情，这个有用吗？用处不大，这是此时它地；我总讲现在正在发生的事情，我和来访者在互动，这个是此时此地，但属于纸上谈兵式的，一切都是从对方的口中说出来的，没有一点真凭实据。最真实的就是直接去做件事。你不是说自己爱的能力强嘛，我现在让你去抱一个人，我看你是怎么抱的，你如果是极不情愿的，半推半就式的，你一抱我就知道你露馅了，所以督导是我的强项。每个人的防御系统都很强，平时大多数人是不太容易承认的，只有通过做事情来检验，才能明辨真伪。

从某种意义上来讲，我们帮助自己其实就是在改善消极的思维方式，帮助别人就是在改善其消极的应对方式。我说他防御系统强，并不是否定他的应对方式，而是想告诉他，他的应对方式要升级，要和当下的环境相匹配。如果你小时候防御系统强，没关系，那时候你还弱小；可现在你已经长大成人了，之前的危险也早已过去了，别人一说你防御，你还反应这么大，这就有点过了。

四、思维少认知型

思维偏重伦理型而少认知型。这话怎么理解呢？人事瞬息，江河不废，这是中国传统的哲学观念。我们祖先感受到人事代谢，在静穆的自然中得到寄托。而西方人则感到江河日流、日月常新，在“自我”得性的观照中得到坚定不移的准则。这是两种不同的历史文化形态，所以中国古代的传统是先历史、伦理而后自然。[1]按照这种思维方式，人是宇宙的中心，认识了自身，也就认识了自然界和宇宙的根本规律，进而超越自我，达到“天人合一”的精神境界。[2]在我看来，现在我们中国人缺少认知思维，就是没有知行合一，我们更多的是从道德角度去看问题，而不是关注事情本身，对许多问题喜欢做模糊性处理。

身为网校的校长，我在微信学员群里时不时地会教训人。有个学员在微信群中发牢骚，说怎么进不去教室学习，也没有人帮忙等等。就这个现象，我在微信群里教育了他一番。结果很多人一下子就涌出来了，说韦老师你消消气，别计较了，为这点事不值得。我本来是在澄清他的思维模式有问题，他几个月都没进教室，也不找人求助，这是谁的问题？是他自身的问题，是他的思维模式出了问题。我把他的问题指出来，其实是在帮助他成长。围观者不了解情况，上来就想和稀泥，把事化了。本身学员的问题没让我生气，围观者这么一说，我就立马来气了。你说气人不

---

[1]叶秀山：《苏格拉底及其哲学思想》，人民出版1986年版。
[2]汪凤炎、郑红：《中国文化心理学》（第3版），暨南大学出版社2015年版。

气人！

五、强调直觉，喜欢猜测

先秦时期本有很重视逻辑的"名学"，可惜的是，因名学不符合中国文化的主流，到秦汉以后便中绝了，致使中国传统文化里缺少"逻辑"这门科学。但即便是先秦的名学，其研究兴趣多集中在对某些概念、命题的争论上，像"白马非马"之类，同时在阐述自己的逻辑观点时，仍采取生活故事或文艺形式等形象思维来代替逻辑思维，不像西方学者那样是通过逻辑推理来达到目的。[①]

大家想，如果一天只有一件事要做，你是不是轻轻松松就能做完，并且还做得很好？如果一天给你分配好多任务，有好多信息要你处理，此时，你就不太能注重质量了，一件事处理得差不多就开始做下一件事。同理，我们中国人处理的事比较多，因为我们重人情、重关系，所以参与的事务也会比较多，事多了，时间不够，自然大部分事情就被模糊处理了。

六、我们要了解自己的文化

我讲这么多中国人的思维特点，并不是要否定我们的思维模式，并不是在找中国人的毛病，更不是表示对未来的担忧。这个大家要清楚，我们是从心理学视角研究传统文化，中国心理学思

---

① 张岱年：《中国思维偏向》，中国社会科学出版社1991年版。

想史是我们研究的重点。

现在很多人意识到了中国教育的弊端，号召大家学习西方的教育观念和文化思想，这是中西方的文化冲突。虽然目前这个阶段是冲突最大的，至少没有战争的发生。这说明了我们文化中的"和"的力量起到了很大的作用。

《焦点访谈》栏目曾经有一期直接揭露美国民权问题，一个号称最尊重民权的国家对枪支管控不力，致使恶性枪击事件频频发生。但美国却对这种严重威胁大众安全的恶性事件不采取措施加以限制，反而对世界上190多个国家的人权状况指手画脚、抹黑污蔑。美国指责我们的孔子学院是"乱象丛生"，还干涉孔子学院正常教学。所以现在正是中西方文化冲突的激烈期。不过现在我们国家已经走在了大国、强国之列，中华文化也在世界范围内得到广泛传播，我们的影响力也在一步步扩大。

所以大家不必为未来担心，现在所有的冲突都摆在面前了。就好比给你带来一个朋友，你们该说的话说完了。该翻的脸也翻完了，现在进入了冷静期，彼此都坐在原地，你看着我，我看着你，暗暗较量着。你看我们的企业家、科学家被外国扣押，不让回国，表面上看是政治问题，实质上是国家之间的文化大"PK"。其实作为中国人，我们应该感到骄傲，因为第一大国进行较量，也从侧面证明了我们国家的强大。

中国文化是开放的文化，朋友来了，我们喝酒；豺狼来了，我们有猎枪。你们想要打仗，我们就和你打；你们想要和平，我们也可以和平。总之不管你出什么招，我们都可以接着。这

就是我们文化的魅力。可惜很多人还没有真正了解文化背后的
这种力量。

　　我们要了解自己国家的文化，要运用文化，丰富自己。可能
有人觉得我在讲政治课，在唱高调，是要图什么吧？其实我什么
也不图，我只是想告诉大家，我们可以试着去了解国家的文化，
等到真正了解之后，就会形成文化自信。当然这个自信也不是盲
目的，我们是站在历史的视角、现实的视角来判断的。

第七章　中国人的尚"和"心态

一、"和"是一种选择

大家都知道孟子比较注重"义"，在《孟子·告子上》中有这样的论述："鱼，我所欲也，熊掌，亦我所欲也；二者不可得兼，舍鱼而取熊掌者也。生，亦我所欲也，义，亦我所欲也；二者不可得兼，舍生而取义者也。"这个"义"就是精神层面的大我。

孟子在面对冲突和矛盾的时候，他的选择是义。在现实生活当中，我们该如何处理多个矛盾，才不会导致内心的冲突呢？这就涉及我们中国人的尚和心态。

"和"不单单是我们中国人崇尚的文化，还是我们处理人际关系的一个法则，也是我们应对外部环境很自然的一种选择。

二、"和"与"争"

中国人更讲合作，因为我们以前发展的主要是农业经济，这就为和的心态提供了一个经济基础。在没有农业种植之前，我们靠采摘和狩猎维持生存，那个时候我们更多的是一种竞争，但这种竞争只是外部的，内部还是合作形式。不过有了农业经济之后，多户人家会聚集在同一个地方，多个部族联合起来，彼此之间会通过联姻去达到"和"。这种文化现象的背后，其实是在告诉我们，每个人都会在不经意间产生"和"的心态。

正因为我们崇尚"和"，我们的人际关系也多是和谐的。中国社会是重视人情与和谐的。我们知道，儒家学说也是主张和谐，为什么儒家学说能成为主流，就是因为它与大众内心的追求是一致的。在这里我要强调的是：不是儒家学说带领我们崇尚和谐，而是我们本身就有这样的心思与追求，儒家学说只是顺应了民心而已。

尚"和"心态是自然而然形成的。确切地说，应该是我们在处理社会矛盾时形成的。如果西方人要了解我们，就必须了解我们的"和"。在西方文化背景下，合作就是合作，竞争就是竞争，相对来说是二元的。但是我们不一样，我们的竞争又包括合作，合作又包含竞争。比如说今天只有一个红薯，但是两个人都要吃，这就有矛盾了。你吃了我就没有了，这是不可调解的矛盾，在生存面前这是大事情。但是我们又清楚地知道，我们不能够互相地攻击，因为那样子的话，你把我的腿打瘸了，我把你的胳膊砍掉了，那对我们都没有什么好处。于是我们就得想办法处理我们之间的矛盾。

三、以"和"为美

在现实当中，只要有人发现外部有冲突，就会想办法和解。当然这也符合我们的社会心理需要。因为我们害怕分离，所以往往喜欢成人之美，喜欢做老好人，做和事佬。但如果我们把"和"单纯地理解为和稀泥、老好人，其实是不对的，这不是真正的

"和"。真正的"和"是你积极选择的，你是享受那种状态的，所以"以和为美"的美学思维，就这样产生了。

我们看到的美的东西都不是单一的，都是多元素组成的。你注意看我们的山水画，它都是多个元素融合在一起，我们在欣赏的时候，自然会产生一种享受心理，这就是美学思维，就是"和"这种文化在影响着艺术。

中国人对事物的看法和审美已经跟"和"密切联系在一起了。我们往往会把事物看成一个整体，只有看成整体时我们才觉得舒服，内心才会产生美感，否则就会觉得别扭，看待他人也是一样。圣人的"和"已不单单是外部的"和"，他的人格层面也是"和"的，于是乎，"执中致和"就变成大家的理想追求了。

当然"和"是很难做到的，我们在"和"的过程当中势必会有失衡的状态。比如说我们做得多了，外人不理解，还挖苦我们，我们的内心就会受损，就会有一些压抑的情绪彰显出来。从这个角度来说，"和"跟中庸是有异曲同工之妙的。中庸也是如此，人们要不就太"左"，要不就太"右"，不容易走在中间的道路上，这就需要下功夫练习了。

"和"是中国人理想人格的一部分，现实中并不是人人都能做到这一点，但是你能做到一部分也是很厉害的。

四、"和"与情绪管理

《中庸》首章说："喜怒哀乐之未发，谓之中；发而皆中节，谓之和。中也者，天下之大本也；和也者，天下之达道也。致中和，天地位焉，万物育焉。"意思是说心里有喜怒哀乐却不表现出来，被称作中；表现出来却能够有所节制，被称作和。中，是稳定天下之本；和，是为人处世之道。

当我们不受外部不良刺激的影响，不会经常引起情绪上的波动，这个就是"中"；如果我们要和外部进行互动，但是又不会影响别人伤害自己，这就是"和"。"和"是很难达到的，不管是圣人君子还是普通大众，都在追求"和"的状态。甚至可以这样说，如果一个人不能达到"和"，他的人格就不是理想的人格。

这有点类似于心理健康标准中的环境适应。用一个成语来表达，就是"随遇而安"。如何才能"安"呢？随着外部环境的变化，你的内心达到了"和"的状态，这样你才能安。你还有很多事情没处理，你心里还有很多难受的事没表达，如果你还有很多的委屈，还有很多的愤怒，还有很多的不甘心没化解，你外部不能和，内部也不能和，你怎么可能安！

"随遇而安"之后还要做到"心安理得"。让自己"心安理得"，就要进行行动。比如说你未完成的事件完成了，你是不是就心安理得啦？你该做的事情没做完，怎么可能心安理得！

心安理得要求行为要符合外部的道，你的行为都符合道了，你就心安理得了。问心无愧，是你内心还有未完成的愿望，你去完成了，你就问心无愧了。随遇而安是你在面对环境的时候，你知道怎么选择，怎么放下，怎么融入。每一个人都问心无愧，心安理得，随遇而安，那就达到了"和"。

所以，"和"就变成了心理成长的一个很重要的目标，也是我们作为理想人格的一个追求。

五、"和"与幸福感

"和"会直接增加我们的幸福感。在我们的传统经典中，有过这样的表述：和是可以创造快乐的，乐是来源于和的。一个社会在追求"和"的时候，就会慢慢地趋向于幸福，"和"可以和小康与大同并行，没有"和"就不能实现小康，也不能实现大同。小康就是所有人都达到一个舒服的、平静的、有吃有喝的状态。没有"和"怎么可能小康呢！我们很多人对于和谐社会理解不够，认为和谐社会就是为了集体利益牺牲自己。这就好像我们把中庸片面理解了是一样的，其实这些都是传统文化的精髓。

"和"是心理管理的最高状态，是社会管理的最高状态，它是真善美的具体体现。"和"不是让你压抑，不是让你有情绪暂时先忍一忍。从这个角度来说，我们中国人本身想要实现理想人格是很难的，但是并不是没有路径，我们一直都在探索。古往今来的仁人志士都在探索怎样达到一种"和"的理想人格，这是有脉络可循，有方法可依的。

六、发生冲突时强调和

孙子曰："夫用兵之法，全国为上，破国次之；全军为上，破军次之；全旅为上，破旅次之；全卒为上，破卒次之；全伍为上，破伍次之。是故百战百胜，非善之善也；不战而屈人之兵，善之善者也。"

这段话什么意思呢？大意是说，战争的原则是：使敌人举国降服是上策，用武力击破敌国就次一等；使敌人全军降服是上策，击败敌军就次一等；使敌人全旅降服是上策，击破敌旅就次一等；使敌人全卒降服是上策，击破敌卒就次一等；使敌人全伍降服是上策，击破敌伍就次一等。所以，百战百胜，算不上是最高明的；不通过交战就降服全体敌人，才是最高明的。

在这里面我们可以看出一个问题，那就是要想达到和，我们就得变化。举个例子来说，你是一块冰块，你往前走的时候，发现前面没有路了，那你就只能慢慢化成水流过去。现在我们一般只说放下，放下也是一种变化，只不过这种变化是趋向于"和"的。所以我们要有能力变，要有能力根据外部环境去变换成任何可以去适应的心态。

用兵之法，全国为上，大家注意看，古往今来的很多战役都因为后方的老百姓不想打战，所以前方不得不撤兵。一个好的将军，他是懂得如何去做一项工作的，不是说领导派他去打仗了，他就马上高兴地去了。如果他在前线打得正激烈将要赢了的时候，皇帝来了一道圣旨，叫他撤军。这时候他撤军有可能会使伤亡更惨重，那他该怎么办呢？他必须在出兵之前就想好怎么解决这个问题。一个好的用兵者在没出发之前已经向领导说明白了，不让领导有丝毫的怀疑，而且还要把全朝大臣的想法都一个一个地巩固好，并且要在全国动员，让全国老百姓上下一心，之后他们再雄赳赳气昂昂地出兵。

这就是我们的“和”。“和”是可以变成任何有利于我们目标实现的状态。可目前的情况是，我们连调整自己的态度都很难，更何况达到“和”呢？“和”就是个体目标很明确，他知道自己要追求什么。大家想一想，我们跟亲人之间发生的冲突是不是很多都是在斗气？你的儿子你和他斗啥气呢？你的老公你曾发誓跟他过一辈子的，你跟他斗啥气呢？难道就不能“和”吗？我们要是斗气，我们就打不赢这场仗。

就连兵法都体现了“和”的文化，可见“和”已经贯穿我们的方方面面了，我们现在没有做到“和”，问题出在哪里呢？我们有没有这个“和”的基础？有！其实中国人追求心理健康是最有基础的，因为我们有“和”的文化，有“和”的心态，那我们现在的问题是什么呢？问题就是我们对“和”的认识不够，达到“和”的方法也不多。

七、“和”与权宜之计

由于我们不具备一些“和”的条件，但是我们又要“和”，在平衡人我关系与群我关系中，有时为了“和”，甚至会委曲求全或者掩盖弊端，于是就有各种权宜之计出现了。比如说有一件事，提起来就让人伤心，于是当事人就会直接对大家说：“这件事情，以后谁也不能再提了，谁要再提，我首先不放过他！”这种情况就不是真正的“和”，它其实是一种权宜之计。

大家注意看，凡是采取权宜之计的人，都是群体中的边缘人。他找不到自己的位置，就只能在外圈溜达。社会就是一个“和”

的场，有多少人在外圈被甩着走。我们很多人活到三四十岁、四五十岁还不适应，还存在各种各样的问题，比如说有的人跟韦老师说句话都害怕。这该怎么办呢？我们的心理学就是把外围的人尽力地往中间集中，让他达到"和"的状态，这样犯罪的人就少了，心理不健康的人也少了。

我们做三天的工作坊，很多人就因为某个当下的体验，对自我的认识产生了很大的改变，有些女学员就哭着说我应该接受自己的过去，我不应该这样看事情，我应该看到自己身上的闪光点。只要她往前走了一步，他的内心就更"和"了。

看到这里的时候，我们其实已经慢慢地意识到，人为什么会用非正常手段实现自己的目标？这就跟妈妈不给小孩买玩具，小孩就躺在地上撒泼，前来围观的群众就对妈妈指指点点，迫于压力妈妈就给他买了玩具是一样的道理，这些都是权宜之计。虽然权宜之计会暂时让自己得逞，但时间长了，吃亏的还是自己。

第八章　真诚

我们不要忽左，也不要忽右，走到真正的中庸之道上来，难不难？难！我们不要在周边打圈圈，我们要来到"和"的中央，难不难？难！因为你往中间去的话，你就有很多的矛盾要面对，很多的自我要处理，很多的外部关系要协调。想在外围打圈圈的那些人，实际上就是对环境适应不良，这在心理学上叫作适应障碍患者。他适应不了里面的环境，就只有待在外围。

举个例子来说吧，领导等着员工去道歉，员工抹不开面子，始终没有行动。今天领导带着大家去聚会，员工害怕去了以后在酒桌上被人笑话，自己受不了，就不敢去。时间长了以后，他就变得不合群了。为什么员工觉得道歉很难呢？根本的问题出在哪里呢？因为他缺少一系列的心理品质作为支撑。我们活在中庸状态，没有被甩到外围，根本原因就在于我们人格有吸引力。我们有积极的品质，有自己内在坚守的东西。

一、积极品质的训练

现在内心走偏的人越来越多，被甩出去的人越来越多，这就需要我们在思想上做工作，要进行心理健康教育。那我们的着手点在哪里？就是积极心理教育，我之前提出积极心理学有四个应用方向，分别是积极品质训练、积极情绪培育、积极人际关系建设和积极意义转换。西方心理学家现在都在研究美德优势。美德优势就是我们之前谈的"和"，就是我们的中庸之道，就是我们的真诚。

我们要坚定文化自信、历史自信、理论自信、政治自信。你相不相信咱们中国文化是有用的？你相不相信古人能做到我们也能做到？你相不相信老师说的？作为一个心理教育的研究者，我其实是有些担心的。国家一直在宣扬文化自信，但底下的人很难落实下来，因为我们的思想高度还上不去。

我们早就有理想的状态，古人也给出了通往这个状态的路径，但是我们却始终走不到那个高度，总是在摸索乱窜。这就需要搭个索道，比如，在中小学校开展心理品质训练课，训练更多的班主任老师；在社区培训更多的社会心理工作者，去践行社会主义核心价值观。让国家的政策落到实处，就是下得来；让普通大众追求理想人格，这就是上得去。

好多的教育者、心理学家还没有认识到积极品质训练和积极情绪培育的重要性，他们还没找到更多的训练方法。我曾跟杨鑫辉教授学习积极心理学技术，之后跟彭凯平老师学习积极心理教育，还跟钟年老师学习文化心理学。正是有这样的学习背景，我才敢开设韦志中心理学网校，才敢大谈特谈积极品质训练和积极情绪培育。

二、真诚心解

人心惟危，道心惟微，惟精惟一，允执厥中。要走一条中国人的理想人格之路，就需要一个巨大的体系，积极品质就是我们要去训练和塑造的体系。这个体系里面有很多的内容，在这里我们只来谈谈真诚。

在心理咨询中，真诚是这样定义的：在咨询过程中，咨询师以"真正的我"出现，没有防御式伪装，不把自己藏在专业角色后面，不带假面具，不是在扮演角色或例行公事，而是表里一致、真实可信地置身于与求助者的关系之中。

从心理学角度，真诚有两层含义：一层是所说的和所想的是一致的，这叫不欺人；一层是所想的和所体验的是一致的，这叫不自欺。真诚是人际交往中最受欢迎的品格。孔子、孟子、王阳明等，他们是真正品格高尚的人。

三、诚者，天之道也

《孟子·离娄上》里有这样一句话："诚者，天之道也；思诚者，人之道也。"这句话很好地展现出了真诚的重要性。

诚是天道，也就是说大自然界是不欺的，它是怎样就是怎样的。水多了，它盛不了，就要往外流。它不会说我这里先忍着，忍一忍再流，这就是诚，天之道就是诚。

"思诚者"，这个"思"不只是思考，也包括去领悟、去感受、去行动。"思诚者"就是围绕"诚"去做自我成长的人。

所想的和体验的不一致，这叫自欺；所说的跟所想的不一致，这叫欺人。现在越来越多的人容易自欺和欺人，容易走向我们说的"酸儒"，类似于伪君子，没有知行合一。他明明知道要去做成那样子，也懂得怎么去做成那样子，但是一直没有去行动，他的自我没有内在的吸引力。如果不体验、不实践，学得再好也没用，这就是王阳明所说的"诚外无物"，除了诚之外没有其他的东西了。这也是孟子所说的"诚者，天之道也"。

四、自诚明，谓之性

在孔子到孟子之间有一个重要的人物，就是孔子的孙子子思，孟子跟子思是什么关系呢？孟子是子思门人的学生，也就是子思的徒孙。子思做了一个重要的工作，就是让真诚落地。子思发现大家都在学孔子的学说，这个学说就相当于今天的心理成长学说、成为君子的学说、成就理想人格的学说，于是他在《中庸》这部书中很好地诠释了孔子的思想，并将"诚"的重要性具体化，认为"至诚无息"，将"诚"看作是世界的本体。下面我们一起来看两段子思的名言。

自诚明，谓之性；自明诚，谓之教。诚则明矣，明则诚矣。

这话的意思是：由于诚恳而明白事理，这叫作天性；由于明白事理而做到诚恳，这是教育的结果。真诚就会明白事理，能够明白事理也就能够做到真诚了。简单来说，做到了"诚"你就通透了，你就真的知道了。这个"知道"其实已经包含了后来孟子说的"致良知""良知良能"等。

为什么把"诚"叫作"性"呢？我们知道"人之初，性本善，性相近，习相远"，这个性其实是天生的，类似于心理学上讲的气质，有一些遗传的因素在里面。

所以"自诚明，谓之性"。就是本身我们人性里就有诚的基因，它客观存在着。后来我们慢慢地不按照真诚去做事，不按照这个规律去行道，就导致我们不诚了。其实我们的内心和这个世界的山川河流是一样的，水多了就承受不了，它就要流出来，我们也是一样的，内心有什么感受，说出来，这不就是诚吗？如果你不说，你藏着，然后去欺骗自己和别人，内心的压抑一直积攒着，等到了一定的时候，它终究会爆发的。

诚是人的本能，我们只是去发现这种本性，去到达那种会心的境界，这个就是"谓之教"。教不单单是教别人，自学也是教。我们发现了诚，运用了诚，我们就达到了"教诚"。只要真诚了，就会明白事理，反过来说，明白事理也就做到了真诚。

五、天下至诚

惟天下至诚，为能尽其性；能尽其性，则能尽人之性；能尽人之性，则能尽物之性；能尽物之性，则可以赞天地化育；可以赞天地之化育，则可以与天地参矣。

这话的意思是：天下只有达到"诚"的境界，才能尽显其本性；天下能尽显其本性，才能使人都尽显人之本性；人都能尽显人的本性，才能使事物的本性充分显露出来；使事物的本性充分显露出来，人就可以洞晓天地化育的道理；洞晓天地化育的道理，人就可以以天地化育的道理作为自己行为的参照。

如果天下都是至诚的，无论外部的世界、内部的世界，每个人、每个群体都能尽其性，这个时候我们的力量就是强大的，就能尽其性，真实自我就会彰显出来。如果我们每个人都能做到不自欺，都能真诚，我们所要创造的物质，我们所要与世界进行的互动，也能够真诚俱现。当然你首先做到尊重自己，你才能尊重别人；你首先看见自己，你才能看见别人；你先要允许自己，你才能允许别人。我们今天的教育就应该围绕这个方向去开展，具备了诚的品格，必能洞悉天下的事物，要能洞悉天下的事物，必须具备诚的品格。

天下只有达到"诚"的境界，才能尽显其本性；天下能尽显其本性，才能使人都尽显人之本性；人都能尽显人的本性，才能使事物的本性充分显露出来；事物的本性充分显露出来，你不就不迷惑了吗？不就没有什么不通透了吗？也就可以洞晓天地化育的道埋。

真诚是我们的心理品格里最重要的品格。西方人把感恩看作实现幸福的第一个心理品格，我们是把成为一个人，达到理想人格所需要的真诚看作是第一品格。

六、不真诚的人

我在网校上课时，凡是我批评学员的时候，基本都围绕着真诚这个话题：你有没有面对你的内心？你为什么会有这样的想法？你怎么没有去做？你为什么总是归因为别人，你在这里逃避什么？

如果一个人不真诚，你帮了他会使他更加不真诚，那你这个帮就不是真的帮。举一个例子来说吧。网校的一个学员说："我已经几个月没有登录网校学习，也没有人服务我。"他一直在学员群中抱怨，我一看就知道他问题出在哪里了。网校有主任，有辅导员，有工作人员，也有联系电话，沪江平台也有专门的热线服务，你怎么可能登陆不进去？没有人管你，谁应该管你呢？你是你问题的第一责任人，这个学员的问题就是不真诚。所以我要教育他，不是教育他不进教室学习，而是教育他这种行为方式实际上是远离真诚的，继续下去对他没有什么好处。所以我就要反问他："谁是应该为你的学习负责的人？"学员就默不作声了。

有些人不知道我的教学风格，他就会觉得韦老师你直接告诉他怎么去处理就行了，还跟他说那么多干吗？其实他忘记了我是什么身份，我在什么地方跟学员互动的。我是老师的身份，学员是学生的身份。我们在网校建的学习微信群里互动，那就是教学场所。我们学心理学的目的是什么？不就是为了提升自己的人格，完善自我吗？所以，作为老师，我得教育他；你不教育他，他这一次就混过去了，就错过了一次成长的机会。

虽然劝告我的那些人是出于好心，但是他们有可能会好心办坏事。这也就是为什么说你不要轻易劝人家不要生气，因为你根本不知道人家经历了什么。没有诚就不能实现中庸之道，远离真诚的防御机制就是病态。我们离开了真诚，但是又要表现出我们是真诚的样子，这本身就是病态的，就是防御的，大家觉得是不是这个理？不能实现中庸之道，也不能实现和。

七、不敢把自己交出来

有些人不敢和领导同事一起喝酒。每当大家都热热闹闹的时候，他总是一个人躲在外面。要是别人问起，他就会说："我喜欢一个人在外面吹风，我觉得里面不太舒服。"

他实际上是不敢面对那层关系，他还是没有真诚，哪怕他进去说："各位领导，各位同事，我这个人不善言辞，我其实是很害怕这种场合的，我甚至都不敢来，但是我又觉得大家对我都不错，我还是想要融入，我敬大家一杯。"这不慢慢就融入集体了？领导和同事听了他这话，自然就会理解他。

真诚就是你知道你自己应付不了，但是你有这个应付的想法，你愿意把自己交出来。就算丢脸也没关系，只要保证银行卡密码不外泄就没关系。可我们现在的人，总是喜欢藏着掖着，躲在后面，然后把手远远地给你，好像别人会伤害自己一样。

这里面根本的问题是，我们没有理解"诚"对我们的意义和价值，没有真诚你就会离理想人格越来越远。所以为什么我对那种不真诚的课堂深恶痛绝，一定要批评指正？因为它危害大得很，他会让学员形成两张皮，表面一套，背后一套——当着老师的面奉承，背后又说三道四。这样长期下去，我们还怎么做社会教育？

八、追求理想人格离不开诚

大家都说我们没有大师，没有大师只是教育问题吗？是我们对理想人格的追求出了问题，认识出了问题。什么是大师？大师之大在于他的心大，在于他的人格大。

大家看，凡是那些有创造性的大学问家、大科学家，他们骨子里都有一种气，都有一种格，如果他们只想到自己，那不就失格了？我们教育孩子也是这个理，不是让他成为一个苟且的人，一个卑微的人，一个忘乎所以、不明事理的人，而是让他成为有家国情怀，有使命担当，还能够去面对自己，追求理想自我的人。所以，这里面真诚就很重要。

后篇
权宜之“计”

　　在前篇的理论思想部分，我们探讨了中国人的中庸之道、中国人的面子观、思维方式、尚"和"文化等，基本上我们已经梳理出了中国人的理想人格是怎样的，君子应该是怎样的，我们应该具备什么样的品质和条件才能达到理想人格的状态。理想人格一旦形成，不但我们的心理健康问题解决了，整个社会的和谐问题也都会得到解决。

　　不过我们在追求理想人格的过程中，也即成为一个"人"的过程中，有一条路是很难走的，这就是中庸之道，走着走着，我们就会遭遇一些文化动力的围堵。这些文化动力会推动着人、裹挟着人往前走，进而就会走出一些新的路径。于是乎就会形成一些违背了中庸之道的方式方法，我们把这个称之为权宜之"计"。所以权宜之"计"就是人们在追求理想人格的过程中因没办法实现，而慢慢形成的一种"曲线救国"的方式。

　　为什么社会上会存在这样一种人？为什么他们会那样去做？我们怎么去帮助他们？以前我们不了解的一些行事风格与处事态度，都可以在此章节中找到答案。我们理解现在的人，帮助现在的人，就需要了解过去的人。我们这本书，就是围绕了解中国人展开的。希望看到此书的你们，在追求理想人格的道路上更加地顺利。

第九章 权宜之死

权宜之"计"里面，最常见的就是权宜之死，权宜之死就是通过自杀来应对外界的压力。

一、我不用受那样的罪

之前在录课时，有位学员分享了这样一个故事：我的朋友，也是我的一位亲戚，她在 2015 年的时候，从我们当地的 12 楼跳楼自杀了。当时这个事件是特别令人震惊的。因为她本身是一个特别自强的女性，人长得也漂亮，在教育局上班，有一份稳定的工作，谁也没想到她会自杀。

后来传言说她的家庭不太和谐，虽然她自己工资很高，但平常她穿高级一点的衣服，老公就会不高兴。她之前买过 2000 块钱的一双鞋，偷偷放到她妈妈家里，因为在自家穿的话，可能会引起老公的不满。

她工作特别努力，因为她们家的车房都需要她来负担，她下班后还要去做兼职。就在这种压力之下，她有些抑郁了，也尝试着吃药调整，不过没什么效果。有一天下午 5 点多吃过饭，她说要出去转一转，然后到 8 点多还没有回来，家人发现她的时候，她已经跳楼了。

二、卸掉家人的压力

以下是另一个学员的分享：

我本人是社会新闻记者，在 2005 年冬天，我在采访时遇到一个警察，他跟我说有一个高三的学生自杀了。正好警察我也认识，死者的姐姐我也认识，然后我一直陪这个死者的姐姐处理完她弟弟的丧事。我简单说一下这个男生的情况：在我们那个地方，重男轻女的现象特别严重，这个男生是家里的独子，他爸爸在他很小的时候就去世了，妈妈独自守着这个家。男孩有三个姐姐，他的三个姐姐为了供他读书，付出特别多，大姐小学辍学，二姐初中辍学，三姐边打工边挣自己的学费，平时还要给弟弟零花钱。男孩已经上了高三，按他的正常水平发挥的话，能够考上一所二本以上的院校，但是在高三的上学期，十一月份，还差半年就要高考的时候，他选择了在校门口的出租房里面喝农药自杀。他家里人就特别想不通，为什么男孩会选择自杀。

在我看来，男孩的压力是非常大的，全家对他的期望都特别高，他心中的苦闷是没有办法诉说的。在高考来临之前，他应该是不想给家人带来太多的压力，比如说经济上的或者其他方面的压力。他没有扛过那个夜晚，服毒两天以后才被人发现。男孩自杀以后，他的妈妈，还有他的姐姐也都想过要自杀，我陪着她们，因受到影响，我那段时间也有轻微抑郁症。因为我自己的情绪也有点极端，我也有过自杀的念头，原因也是他人对我的期待太高，我曾跟我妈说："你不要给我很大压力，我发现死了的人都很轻松，活着的人才是难受的，如果你不想让自己难受的话，最好不要给我太大压力。"妈妈从那以后，再也不敢给我压力了。

三、我的分析

这两个故事都谈到了一个话题，就是压力。通过自杀去应对外界的压力。这个压力的承受对象有两个，一个是当事人，一个是亲人。当事人的想法很好理解，我死了，我就没有压力了；亲人可以这样理解：我死了之后，我的家人就是我爱的人，他们不再有压力了。当事人一方面要卸掉自己的压力，一方面要卸掉家人的压力。所以上文中的两个人面对压力的处理方法就是自杀。

大家假设一下，第一个故事中的那位女士，不能够在自己家里穿漂亮衣服，只能把漂亮的衣服、鞋子放在自己的妈妈家里，如果她来找我们咨询，我们会怎么样让她去面对自己的这种压力？还有第二个故事中的男孩，妈妈为了他守寡，两个姐姐为了他辍学，一个姐姐边上学边打工。这样的一个男孩子，我们怎么样帮助他认识到问题可以缓解，除了死之外还有别的出路？

我们给予他们的应该不单单是关心与爱护，还要让他们意识到自己认知思维观念的消极性。我们在面对阻力的时候，首先感受到的是无能为力，是这件事情我再也没有别的解决方法了，还是尽力找解决办法呢？如果你是前者，那就是典型的消极思维，很多自杀的案例，其实都是消极思维在作怪；如果是后者，说明你拥有了积极思维。

如果有了这种积极思维，不管遇到的问题严重到什么程度，我们都是可以应对的。要知道问题的大小很大程度上取决于我们内心对它的感知。有的人经历的问题很大，大到你找不到任何可以让他快乐的理由了，但他还是一样地平静生活。有的人遇到的问题很小，但是在他眼中这就是天大的事情，永远也解决不掉了。这就是思维模式在作怪。

目前我们大多数人的思维模式已经被限制住了，还记得我之前讲的软件有记忆功能的事吗？它给你推送一些你喜欢听的、喜欢看的内容，如果有一天它给你推送一些你不喜欢的内容，你就会受不了，这就是在限制我们的思维。

为什么我们在讲亲子教育的时候，要强调让孩子拥有像孙悟空一样的72变的能力。这里的72变，其实就是当你遇到问题的时候，你可以灵活解决。孙悟空被二郎神追的时候，他没有地方跑，就变成了一座庙，尾巴没法藏，就变成旗杆。这背后就是告诉我们，面对问题的时候，思维一定要灵活。

我们再来看这个男孩的案例，是不是所有的有个寡母、三个姐姐供养的男孩都会自杀？答案是否定的。为什么会这样呢？为什么有些人能挺过来有些人却不能呢？这就涉及看待问题的方式。本来男孩应该享受姐姐和妈妈的爱，结果他却只把这种爱当作一种苦恼，一种压力。他觉得家人的爱在控制和压迫着自己，却没有从另一方面看到爱的温暖，所以就出现了权宜之 "死"。而同样的，正如我先前讲的哀文化，本来孝顺是应该的，但超过了一定的限度之后，就会出现大问题。

大家不要小看权宜之"死"，我国每年的自杀率挺高的，自杀就是我们无法应对外部的压力而选择的权宜之计，毕竟三十六计，走为上策。故事中的女士，她应对问题的方式就是逃，我死了，就没有压力了；男孩的方式就是我死了，不仅我不用承担这种压力，我的妈妈和姐姐也不用那么辛苦。

这是两种权宜之"死"，前者是我不用受罪了，后者是我的家人不用再受罪了。还有一种权宜之"死"，就是用我的死来使别人受到惩罚。

四、用我的死来惩罚别人

这里分享两个故事。

有一个工人借高利贷还不上，过年的时候也没给父母拿回一分钱。他妈妈比较强势，大年初一的时候妈妈就因为钱的事和他吵了一架。他跟妻子的关系也不是很好。他初七上班，初八就在单位厕所上吊自杀了，他通过自杀，一方面缓解了自己的压力，可以逃债；对他妈妈来说也是一种惩罚，因为他的父母也一直在压迫他。另外他也惩罚了单位，因为单位工资降得比较厉害，像他自杀这种事件，单位在人情上面会照顾一些，经调解赔偿了33万。这就是权宜之死，他死了以后，其他的人就再也不会受影响。

另一个故事是有关婆媳关系的。媳妇嫁过来之后总不受婆婆待见，随着儿子的出生，婆媳矛盾更加严重。其实媳妇性格挺好的，干活也很卖力，但婆婆就是看不惯，还扬言说媳妇不是她家的人，以后不会再管她，媳妇有一天终于受不了了，在夜里把农药兑在啤酒里喝了。等到发现的时候，已经抢救无效了。这是典型的用我的死来惩罚别人。

其实除了前面介绍的三种，权宜之死还有很多种，比如说有的人用死来骗保险，为家人争取一些利益；还有就是用自己的死来保住一些人，我死了，事情就结束了，家人也就安全了。接下来我们分享一个用死亡来保孩子的故事。

五、替儿子坐牢

这个案例是一个远方的亲戚遇到的。这个亲戚家当地有一个无赖，有一天早晨这个无赖又上他家去闹了，他儿子见这个无赖几次都来闹，没有办法了，就把这个无赖打死了，他的父亲主动承担了这个责任。公安局的人问他："你为什么要打死他？"他父亲回答说："他整天来我家闹，我不打死他，他就打死我！"结果这个父亲就被抓走了，但是没被判死刑，判了七八年有期徒刑，不过父亲年纪毕竟大了，在监狱里没多长时间就病死了。父亲承担责任，就是源于一种爱，他想保护儿子。

对付无赖不是没有办法的，对付无赖最好的方法，就是在本地找一个说得上话的大哥，好好教育教育他，以后保准他服服帖帖的。可故事中的儿子和父亲都没有想到这一层，这说明什么？我们还是被思维限制了。

大家都知道杨志卖刀的故事吧，杨志被牛二挑衅，本来他是可以不杀人的，但是牛二的侮辱让他受不了，所以一怒之下才杀了牛二。相反韩信就理智多了，他愿意接受胯下之辱，愿意委曲求全，最后官至王位。韩信与杨志都是社会的精英，都是有理想、有抱负的。韩信在遭受侮辱的时候，他把自己的羞耻心放在一边，秉持着理想至上的理念，他不会把那些不愉快的经历看得那么重要。而杨志就不一样了，他还是没有放下自己的脸面。

从古到今，我们中国都有一条大路，就是追求理想人格，成为仁人志士君子。宋朝的一些病态文化，却断送了人们对理想人格的追求，比如说给罪犯脸上刻印。为什么牛二会如此猖狂，主要是因为开封府治不了他，普通百姓也不敢招惹他。如果放在现在，早就不知道被抓了多少次了。所以我们每一个人都是被文化裹挟着前进的，不要以为自己很厉害，再厉害也得受文化控制。

权宜之死，一般也是无奈之举，但是权宜之死之所以被选择，是因为背后的文化，社会的偏离，还有我们思维的受限，以及我们面对问题时的处理能力。我们应该在这方面做更多的自杀教育和预防，当我们面对一些困境时，我们怎么去化解？我们可以去学孙悟空的 72 变。我们来看孙悟空的经历，他实在应对不了时，怎么办？求人呐。孙悟空多么傲气的人，还去求人，难道我们不可以求人吗？谁没有几个亲戚朋友，遇事开口寻求帮助，说不定就搞定了，如果遇到那些恶性事件，就找政府呀。很多时候恶性事件是可以不发生的，主要是因为我们的思想受到限制。

我们坚定地认为，没有比它更好的路径。为什么今天的社会教育和青少年心理教育都围绕着积极品质与积极思维呢？因为人有积极品质就有力量去面对，有积极思维就可以化解困难，而不会给自己设限。

六、拿别人的错误惩罚自己

杜十娘爱上了一个富家公子李甲，李甲给她赎了身，结果两人在回家的路上，与另一富家公子孙富偶然相遇。孙富目睹杜十娘美貌，就一心想占为己有，于是就以一千两诱惑李甲将杜十娘卖给自己，没想到李甲居然同意了。

杜十娘知道后，万念俱灰。心上人贪慕钱财舍弃自己，孙富爱慕她的美貌，十娘就要惩罚他们。李甲，你不是想要钱财吗？我这个百宝箱，金银财宝无数，现在我统统不要了，让它们沉入江底吧！孙富，你不是想得到我的人吗？我现在就去死，你连尸体也别想得到。

杜十娘为什么要这样做呢？实际上她有一颗卑微的心，她的人格已经不健全了，她没看到自己生存的价值。说得直白一点，她没有自尊，没有人格，如果她有品格有自尊，她是不会这么做的。"十九大"报告中指出，要培养理性平和、自尊自信的社会心态。如果杜十娘拥有了这样的心态，她就不会自杀了，如果现代女性都有了这样的心态，就不会出现当代杜十娘了。前文中的那个女性，老公不让她穿好衣服，她就不穿；老公不喜欢看，她就不敢把衣服放在家里，这就是低自尊的表现，没有自己的独立人格。

所以选择权宜之死的人一般都是有问题的人，不是思维有问题，就是人格有问题。孙富喜欢杜十娘，杜十娘为了不让孙富得到自己，就把自己给淹死，这就好比男孩追求女孩，女孩不同意，为了不让男孩得到自己，女孩就投河死掉。听起来这个逻辑很荒诞，但是在杜十娘这里就成立，她就是这么做了。

七、小结

选择权宜之死的这些人，他们背后的动力因素，是我们需要仔细分析的。这些因素包括外部的文化动力，人格层面的思维方式等等。所以在自杀干预教育中，需要考虑这些因素。如果案例中自杀的男孩遇到了一位老师，老师帮他一起分析他的家庭，带他展望未来，令他把妈妈和姐姐的爱看作是天赐的缘分，把她们的关系与爱当作是一种享受，我相信，只要男孩正确看待家庭的爱，他就不会选择自杀了。

现在的自杀率逐年升高，平均每一分钟就有人自杀。其实我们要探讨的问题不光是自杀干预的问题，我们更多的是在考虑自杀人群，他们作为一个个体，在面对困境时，有没有积极的应对方式？他们没有选择自杀以外的应对方式的原因是什么？

我们过去会有一些盲目的归因，比如说社会文化、制度不健全等，其实这是错误的。刚才我们做了很多分析，其实个体是可以在文化层面避免受到危害的。我们不单研究自杀干预，还应该从文化动力上去做调整，从教育方面做调整，从积极品质、思维训练这些角度去做调整，最终使我们在面对困境的时候，有能力找到更好的解决方法。

为什么会有越来越多的人选择权宜之死？在我看来，主要是他们偏离了中庸之道。当个体不能达到中庸，不能达到和的时候，他就会失去心理上的平衡。过去我有个学生，总是买衣服给我，我了解他的性格是控制型的，所以他每次给我送礼物，我就说礼物留下，要求带走。我对他说这话，看似开玩笑，其实也是一种提醒，告诉他我可能达不到他理想的模式效果。

有很多人说我很真诚，真诚是一种很受欢迎的品质，但如果有人拿着真诚去控制你时，你怎么办？每个人的处理方式都不一样。我记得我过去讲课的时候说过，你到有的人的家里面去，他给你切猪肝、拌凉菜、喝谷酒，但有的人会直接把他的心掏出来给你吃。你面对这种情况吃还是不吃？你吃了，对不起，下一回他到你家来，你也得切你的心肝！这就已经偏离中庸了！他偏离和了！如果你知道这种行为已经过了，你是可以提醒他的，我们每个人都应该有独立的自我，不应该去侵犯别人。

比如说自杀男孩的妈妈，本身就是一个寡居的母亲，她肯定在心理上是有创伤的，她要实现自己的价值，只能把期望寄托在孩子身上，三位姐姐也是这样。她们的行为从某种意义上来讲，都不是"和"的状态，不是"中"的状态。

一个男人原来混得不好，后来在老婆及她娘家人的关照下发达了。发达以后，老婆和娘家人在外人面前就树立了一种密不透风的心理墙——没有他们就没有男人的今天。外面人于是也这么认为。连他们的孩子也认为没有妈妈陪着爸爸，爸爸就没有出息。大家想一想，这个男人怎么办？因为这样的情况，丈夫自杀的也多得很。不过这个男人选择酗酒麻醉自己。他妻子为此还经常抱怨，说老公不理她，总是喝醉酒才回家。她都不知道原因，其实这是男人的一种权宜之计，他面对不了现实的压力。

文化是社会中看不见的一堵墙、一张网，它把我们每一个人网住，最终把有些应付不了的人逼上了绝路。我们在这其中既是受害者，也是制造这个网、这堵墙的人。比如女孩找了个老公，老公不但不疼她，还出手打她，女孩受不了了，回家对父母说："我要离婚！"结果爸妈说："你还离婚，丢不丢人呀！你要敢离婚，我就不管你了！"父母共同树立了这样一堵墙，阻止婚姻不幸的儿女断绝夫妻关系。

这堵文化墙，是看不见摸不着的，但是你要向前冲的话，肯定会遍体鳞伤、头破血流的。大家平时有没有感觉有一张网在束缚着自己呢？这堵文化墙是怎么形成的呢？就是自己的不"中"不"和"，对别人产生了影响，日积月累的，就形成了这样的观念，所以培养自尊自信、理性平和的积极心态就变得重要。

政府是能看到这些问题的，所以要践行社会主义核心价值观。但是在践行的过程中，会出现"偏右"的情况，为什么习主席痛恨形式主义和官僚主义？他们口号喊得震天响，却不办实事，这不就是和酸儒主义一样的性质吗？许多人都没有意识到我们偏离了中庸之道，那些"偏左"的人在指责"偏右"的人，"偏右"的人又看不起"偏左"的人，大家都是各执一词，不想让步，看不到自己的问题，最后就逼死了一部分人。

为什么现在越来越多的人自杀？这不仅仅是中国的问题，也是世界的问题，这说明越来越多的人有心理疾病。一个大型研究数据表明，每年都有38%，即1.65亿的欧洲人表现出大脑功能紊乱的症状——抑郁、焦虑、失眠甚至痴呆。大家想想，患心理疾病的人这么多，这背后说明了什么？我们的心理不再和谐了，出现了失衡与紊乱。什么原因？人类文明走到现在，我们需要开出新的问题处方了，这个处方一定是文化处方，因为文化处方才能治疗文明进程中的病，这就需要更多的社会学家、文化学者、哲学家、心理学家参与进来，一起研发这个处方。

我们知道中医要把病看好，要分三个步骤：第一是诊断准确，第二是药材地道，第三是遵照医嘱喝药，少一个环节都不行。现在我们的社会治理处方，诊断这步国家已经做得很好了，制定出了好的政策，但是抓药和喝药这两个环节出了问题，比如说执行过程中，执行者就相当于是药，这些药能够药到病除吗？能够处理好百姓的问题吗？另外，百姓是不是相信你，愿不愿意配合你，也是一个问题。所以，当下我们还需要加强思想政治方面的工作。

权宜之死，这个内容我说得有点多，就是希望大家能把这个点吃透，让大家意识到每个人的行为背后都是有动机的，如果你能分析出他的动机演化过程，以及背后的社会文化是怎么推动这种动机产生的，你就能理解他的行为，接纳他的行为，处理他的问题，这样选择权宜之死的人就会逐渐减少。

第十章　权宜之病

权宜之病的病主要是指身体的病，这个病就是所谓的身心疾病，主要是由心理作用引发。

一、身心疾病与健康

内心压抑会导致哮喘的发生。哮喘是一种常见病、多发病，据统计，中国目前大约有 2000 万哮喘病患者。早在 20 世纪 30 年代末，弗洛伊德就认为哮喘的发生是由于对母亲的过度依赖和分离恐惧的潜意识冲突。现在越来越多的呼吸科专家认可社会心理因素在哮喘的发生和康复方面起着重要的作用，并将哮喘的喘息发作和咳嗽症状看作是期望得到他人关注和保护的"被压抑的哭喊"。我们知道，如果不允许哭，不允许喊，不允许发泄，个体的情绪可能会通过其他方式呈现出来。哮喘就像是人用身体在哭喊，这是一种心理动力学，是潜意识里面的表达。

如果我们的不良情绪没有及时处理掉，它就会指向身体器官，同时这个器官也成了情绪发泄的靶点，只要一有不良情绪，它就会向靶点处攻击。长此以往，就会引发各种身心疾病。如指向头部，就会引发紧张性头疼；指向胃部，就会引发胃痛；指向心脏，就会导致心脏问题。这种身心障碍还是比较多的，根据世界心理卫生组织的统计，70% 以上的身体疾病都是由情绪心理原因造成的。

我们的寿命也和心理因素有关。2008 年，美国威斯理教授研究发现：心脏可以分泌挽救生命的荷尔蒙，它不仅可以在 24 小时内杀死 95% 以上的癌细胞，而且对其他绝症也有极好的治疗效果。

教授的研究，源于他的好友：一对 2003 年时双双罹癌，生命仅剩下三个月的英国夫妇。他们在放弃治疗后，选择用两个月的时间进行一次豪华的环球旅行。夫妻二人倾尽余下的四万英镑家产与旅行社签订合同，条件是只要夫妻中任何一位在旅程中去世，合约就自动终止。旅行社到医院查核，认为这对夫妻仅剩一个月的寿命，签订此旅行合约旅行社肯定赚钱，就订下合约。出乎意料的是，原本以为只有一个月的旅行却持续了一年半，而这对夫妇同情旅行社即将破产，自动解约后返回家中，赴医院检查之后，发现所有的癌细胞全数消失，原本不治的恶疾竟在旅途中不药而愈。[1]

所以，情绪可以导致疾病，也可以治愈疾病，长寿的秘诀，就是保持愉快的心情。

二、心因性阳痿早泄

在性心理障碍里，有一类人是比较多的，就是心因性的阳痿早泄患者，这类人群在生理上没有问题，症状是心理上造成的。

---

[1] 参见：《医学重大发现！美国科学家揭开上帝终极底牌，癌症自愈源于心脏》，网址：http://www.360doc.com/content/18/0902/22/9331441_783385527.shtml。

我曾经加入过中国性学会性心理专业委员会，并且有一段时间是做婚姻咨询与性心理治疗。

我曾经接待过这样一个案例：两个年轻人，已经领过结婚证了，在临近举办婚宴酒席时，发现两人不能过性生活。不过在当地来讲，办酒席才是真正的结婚，所以他们就把举办酒席搁置了。双方父母不清楚状况，就问他们缘由。小两口告诉父母后，父母就很着急，一定要小两口赶紧看心理医生，于是他们就来找我做咨询。

在咨询过程中，我了解到这个男孩子是有过性行为的，生理上完全没有问题，但是跟这个未婚妻就不行。很明显，一定有一种心理机制在牵制着他。但是这个心理机制并不是那么容易找到的。在做这种心理治疗时，我就给他各种假设。这有点类似于公安破案，在没找到真凶之前，一定会有各种假设和推理。

最后，我终于找到了这个男孩的问题所在。原来这个男孩潜意识里边，把未婚妻当成了妹妹。在他的观念里是不能跟妹妹有性关系的，所以两人平时都很好，但是一到床上，就不行了。我当时运用的方法是敏感性集中训练和认知疗法。我给男孩子讲了这样一个逻辑：你在内心中对妻子有一个自画像，你把她归为亲人的范畴，这个得改变，她现在是你的妻子，你得把这个画像画成妻子的范畴，他也很是认同。至于敏感性集中训练，其操作理念有点类似于系统脱敏法，就是把心理上的敏感度一步步脱掉，从认知与行为上改善他对妻子的角色定位，具体的操作细节我就不在这里谈了。男孩接受两三次治疗后，心理上已经完全接受妻子，两个人也开始了幸福的夫妻生活。

三、用身体疾病反抗父母

心身疾病患者都是有一些压抑的情绪没有释放掉，所以他要通过身体来发泄，或者是他有一些行为做不到，要逃避，于是就用身体做挡箭牌。比如我们常见的癔症，患者突然之间半身不遂了，某部分的器官不听使唤了。上面那个案例就是生殖器不听使唤，现在我讲的这个案例是腿不听使唤，就是走不了路，瘫了。

小女孩的爸妈都是属于控制型的，平时很少夸奖她。女孩从小到大也不怎么跟父母沟通，有什么事情都装在心里。有一次妈妈批评她之后，她就出现了半身不遂，走不了路的症状。父母带她去很多大城市的医院看了，都治不了。如果从心理动力的潜意识机制，就是从权宜之病的视角看，我们就很容易找到病根。小女孩实际上通过瘫痪，去反控制她的父母。这是一个爱的亲密关系的斗争。小女孩不能动了，父母就停止了对她的指责，对她的控制也减少了，还会反过来照顾她，凡事依着她。要想这个小女孩好起来，就得调整亲子之间的沟通模式，父母总是指责她、否定她的模式肯定是要做出改变的。如果小女孩知道父母也是爱她的、疼她的，她身体上的反抗也就慢慢减少了。

很多父母就是这样，他们把孩子当作自己的财产，控制他，约束他。等到孩子受不了进行反抗时，他们才能意识到自己与孩子的相处模式是错的，才会有所调整。

小孩的抽动症也是有心理因素的。不知大家注意到没有，当小孩周围的人际交往越复杂、越糟糕的时候，他的心理压力就会越大，患抽动症的概率就会越高。当父母越是要求孩子不要哭，孩子憋着憋着，就会憋不住，最后就抽搐了。类似于抽动、吃手指头、歪嘴这种身体反应就是这样产生的。

还有一类孩子的身体疾病不是对父母的控诉，而是希望父母和好。比如说有些孩子发现爸妈有离婚的征兆，双方经常发生冲突，于是小孩就会让自己生病，他一生病爸妈都会照顾他，就不会再吵架了。

四、蒲公英—兰花理论

不知大家听说过蒲公英—兰花理论没有？我这里给大家简单介绍一下，蒲公英人格就是"适应性强"，是比较"平庸"，对环境要求不高，好养活。蒲公英型孩子对养育条件并不敏感，不会出大岔子，也少有惊人的成就。这类孩子就是我们口中的"正常的""坚强的"粗放型管理的孩子。但是一些孩子却像兰花，说得好听点是"金贵"，说得难听点是"矫情"，他们只能在特定的环境中正常发展，对环境要求苛刻。在不适宜的环境里，这些孩子的恶行就会暴露，甚至变本加厉。但是一旦处于适宜的环境，兰花绽放的花朵，足以让蒲公英黯然失色。换言之，兰花型孩子展现出了极强的可塑性和弹性，但对环境的适应性和韧性不足。蒲公英型孩子对环境压力的适应性和韧性更强，但弹性和可塑性不足。

我们很多人都是蒲公英人格，环境适应能力特别强，放到哪里都能很好地生长。但人类身上的"兰花型"基因是在近 5 万年内出现的。近 5 万年也是智人崛起的时代。你无法强迫一个兰花型孩子展现出韧性，因为可塑性和韧性本来相悖，放大环境的影响是兰花型孩子的天性。你要做的，是给予他们适宜的外部条件。如果你把"兰花型"基因的孩子放在正确的环境里，他们不但能变得更好，还会变成最好的。

我为什么要介绍这个理论呢？就是要提醒一下我们的父母，如果你的孩子是"兰花型"人格，他就会对外界环境的要求特别高，你需要付出更多的关心与爱，才能满足他们的需求。而我就属于"兰花型"人格，对环境异常的敏感。我小时候是特别爱生病的，三天两头吃药打针。在我没学心理学的那一段时间，只要感觉到有压力，就会偏头痛，头疼伴随着鼻炎，真是想死的心都有。但最近这十来年，我的病情在逐渐好转，从一个月四五次的大头痛，减少到一个月一次的小头痛。那我是怎么做到的呢？我在慢慢破解自己的心理机制。我为什么容易偏头痛，为什么容易发脾气，其实很多时候也是和我的人格有关系的。

五、抑郁症

抑郁症是当前发生率很高的心理疾病。其主要症状有三点：第一，心境低落；第二，兴趣和愉快感丧失；第三，精力不济或疲劳感。

有关学术研究发现，抑郁症是源于人类在进化当中，保留的一组基因——5-HTTLPR 基因。5-HTTLPR 基因和大脑中的血清素（一种和情绪有关的神经递质）水平的调节有关，它有 3 个等位基因，其中一个容易让人患上抑郁症，但另一个却可以对抗抑郁症。

加州大学的心理学家泰洛研究了携带 5–HTTLPR 基因突变的人是否更容易患上抑郁症。在这项研究中，那些携带抑郁症高风险等位基因，并且最近半年生活压力很大的年轻人的确出现了更多的抑郁症状。而那些没有抑郁症状的人也携带着相同的等位基因，只不过近期的生活压力较少。

抑郁基因是每个人都有的，只不过平时没有被激发出来而已。只有当面临重大危机事件时，才会被激发。

现在抑郁症人数在逐渐增多，我们从文化的角度讲，是因为人类在前进的时候，有很多的本能受到了限制。大家想一想，孩子的本能是要蹦、要跳、要动、要玩、要疯。但是我们现在不让他玩、不让他跳、不要他动，这是不是把他控制了？生理受控，心理也就启动权宜之“计”了。

所以有一部分人就选择了权宜之死。但是大部分人不愿意死，他选择“假死”，把身体搞残、搞瘫、搞病，这一类是属于身体的死，也就是权宜之病。抑郁症也是一种病，是生理上面的问题，患者的身体假装死去，如果有一天阻挡他生命发展、自我发展的障碍解除了，那个时候患者就不抑郁了。

治疗抑郁症，就要允许患者做一些不被允许的事，大家注意，抑郁症的人是不允许自己做坏事的。如果他一副谁都不服气，谁都无所谓的样子，这种人是不会得抑郁症的。抑郁症患者大多要坚定地做好人、做君子，但是现有的这条路是走不通的，他又不愿意放下，所以在道德方面，抑郁症患者是比我们大多数人做得好的。

身心疾病的人群越来越多，背后有很多社会文化的影响作用。有一些文化现象导致了他们患病，而治愈他们就是社会教育要做的工作。如果一个学校经常出现打架斗殴事件，或者有各种权宜之病，如结巴、头疼、胃疼等，那就说明学生正处在一个压抑的环境中。一个需要考虑的问题就是学校的建筑面积够不够。动物生存需要有一定的领地，人也是一样。现在贫困区改造，就是要扩大居住环境，其实它是有利于身心健康的。

如果我们做一个社会大调查，看看居住环境是否和心身疾病的患病比例相关。我敢肯定，一定是有的。所以我们不能只提高自己的适应能力，还要改善环境，如果我们居住的外部环境是不安全的，那你的适应能力再好也没用。就好比有个患高血压的老太太走路，如果外部的环境不安全，突然间窜出来一条大狗，那岂不是很危险？就算没有什么生命危险，如果外部不安全，人经常处于应激状态，也会容易得心身疾病。

六、破解权宜之病的方法

了解权宜之病后，我们也要思考一下，有没有破解权宜之病这种心理机制的办法？这里面是否有规律可循？

比如说我，因为原生家庭的缘故，会有一些自卑或者是低自尊的人格。我会在内心不断地告诫自己，我是可以的。心理环境改善后，就需要外部环境的支持。我会通过事业上的成功去使自己变得自信。按理说，我是不太可能从事教育的，因为我所受的教育和成长环境，不可能使我成为教育工作者。但是由于一个内生的动力，我成了几千名学生的老师。虽然我这个校长不在体制内，但这种社会教育从另一个角度来看意义更大。

我通过这样的方式破解心理机制，因为这种机制是关乎我们命运的东西。如果我们不断地重复这种机制，最后导致的结果就是我们的命运被定型，破解了这种机制，实际上也就改变了自己的命运。

很多成功人士也是这样干的，比如李嘉诚先生。2012 年 11 月 22 日，当创始人 84 岁的李嘉诚出现在长江商学院十周年庆典的活动上时，全场响起了雷鸣般的掌声。

"我们活着是为了什么？承担社会责任是不是我们的义务？我认为人最大的悲哀是患上冷漠症，套上自命不凡的枷锁，在专业、行业和权力的高岗上，却失去自重心。那些对社会问题无动于衷的借口大王，一定被社会唾弃和淘汰。"李嘉诚在演讲中畅谈自己的生命观。

在这篇名为《行动英雄》的演讲中，李嘉诚提到自己苦难的童年，"我 14 岁那年，一位会看相的同乡对我母亲说：'你儿子眼眸无神，骨柴瘦弱，未来恐难成大器。他安分守己，终日乾乾，勉强谋生是可以的，但飞黄腾达，恐怕没有他的福分！'我妈妈刚刚失去丈夫不久，这番话令她多么心酸。但妈妈却安慰和鼓励我说：'阿诚！天命难算，上天一定会厚待善良、努力的人。再艰难，只要一家人相依一起就不错啦。’我当然相信母亲，但我更相信自己！我相信，只有自己的双手创建的未来，才是唯一能信任的命运。”

在李嘉诚眼中，未来跟明天是两回事，天命和命运是不同的。明天只是新的一天，而未来是自己在一生的各种偶然性，不断选择的结果。追求自我、努力改善自己是一股正面的驱动力，李嘉诚告诫现场的企业家：“无论别人如何看轻你，你都要做自己的行动英雄。”

所以，我们需要破解命运给我们安排的枷锁。只要大家找到一点点小窍门，人生就会有大的不同。心理机制主要来源于两方面：一个是本能，一个是文化。你找到了本能的机制，由于需求动机不平衡而产生的问题就能破解；你找到文化机制，就可以破解不良文化的压力和动力，此时问题也就迎刃而解了。

不过这里还有一条通用的路径，就是对外给予，温暖他人，主动付出，这是永远的真理。从佛家的角度来说，这是修福德；从心理上来讲，这是奉献、分享与感恩，也是获得强大心理资本的途径。所以一定要为别人做事，不要只顾自己。

就像我们做心理咨询，技术会了，但是人格不健全，那还是一名成功的咨询师吗？同样的道理，就算你懂得再多的道理，如果做不到，还是没用。不要总想着找方法，一定要福慧双修。不成长自己，不健全自己的人格，那些权益之病的心理机制是很难破除的。

七、案例分享

这里搜集了一些学员在课堂上的分享，相信大家看过之后，对权宜之病一定会有更深的体会。

分享 1

我是一个单亲妈妈，我跟我女儿的沟通不是很好。女儿高中没毕业就辍学了，当时我非常焦虑，担心她没上大学，前途不是很光明，怕她找不到工作，以后会吃很多苦受很多罪。那段时间我非常焦虑，一连持续了好几个月，有一次我在吃饭的时候，同事过来跟我讲："你的头顶怎么有一绺头发没了！"由于我是在医院工作，知道这种情况就是斑秃，于是我赶紧去皮肤科找医生看。医生说这是你长期精神焦虑、紧张导致的。他让我减缓压力，还帮我做了一个治疗。三四个月之后，我的头发才慢慢长出来。

分享 2

我觉得自己是有权宜之病的。我晚上总是睡不着觉，吃安眠药已经有十多年了。为什么我会有这样的症状呢？这就要说起我的大哥。大哥在 1995 年的时候杀了人。当时在乡下杀了人之后，受害方会拉一大车人到杀人者家里，抄他的家，连他家的亲戚都会受牵连，全被抄家。当我知道这件事情的时候，我就赶紧带着我妈妈从乡下逃出来。后来我哥哥也逃走了，他没有被抓到。此后每听到家里有关大哥的事情，我就特别紧张，特别害怕。

1998 年，我大哥还是被抓起来了，被判了十年有期徒刑。大哥大概做了五六年牢就出来了。大哥出来之后的第四年，因为喝酒去世了。

大哥的这些事情，对我来说是一个相当大的打击，所以我觉得我的睡眠越来越差，跟他是有直接关系的。我心里承受不了，就在身体上表现出来。但是还好，我的身体器官没有什么问题，就是睡眠不好导致了我整个人的精神状态很差。

我爸爸自从大哥出了这件事情以后，都不曾哭过。我大哥走的那天，我妈妈哭着在地上打滚，我爸爸就一个人坐在角落里，低着头，也没有掉眼泪。五年后，我爸爸就诊断出肺癌，三年不到就去世了。所以我觉得心理上的问题确实会导致身体上的很多疾病。之前在一次团体技术活动中，我当时哭得要死。为什么？我觉得自己真不容易，我想我怎么这么辛苦，哭也是在同情自己吧。

分享 3

我的经历很复杂，我觉得真的是心理压力造成的。因为原生家庭的一些关系，结婚后老公总说我家穷。就因为这件事情，当时我就赌气一边上班，一边带孩子。从 2011 年 7 月份我开始经商，一直到 2015 年，这段时间我整夜失眠睡不着觉，当时我没意识到失眠状态是抑郁症爆发的征兆，后来门店经营失败，转为商场柜台经营时，我发现一个情况，我在家痛苦了一个月没有出门，也回避去商场，接着我的牙齿全部脱落。好不容易牙齿补好了又开始拉肚子，吃药打针都不管用，最后连着输液，中药西药一起吃，治了一个半月终于好了。然后又便秘，这又折磨了我将近两个月的样子。便秘好了，又开始感冒，接着嗓子失声。这前前后后折腾了八九个月。

当时我觉得自己要崩溃了，怎么这些痛苦都降临到自己身上，可我又想不到解决的办法，在这几年的时间里整个人情绪也很差。我原来很瘦的，结婚的时候 90 多斤，经历了这一切后体重一下就变成 140 多斤。我以前的领导，差不多一年没见到我，再见我的时候，就说你怎么会变成这个样子。我白天没精神，晚上睡不着，也吃不下饭，但是体重却一直在飙升，我觉得自己可能要死了。

但是我觉得不能就这样放弃，我要自救。当时我想不到其他办法，于是我就在工作中拼命努力。我是跑新闻的，当时跑了很多轰动全国的新闻，自信就又回来了。后来我又去报名学习拉丁舞，大概练了一年的样子，直到登台演出以后，我觉得好像我整个状态都回来了。

第十一章　权宜之疯

为什么要把疯单独列出来，我这里要解释一下。我们现在谈中国人的心理机制，谈权宜之"计"，并不是说已经确定好了有哪几种机制，有哪几种应对策略，而是基于我们现实的观察和文化视角的探讨。基于已有的现象，我把这个权益之疯列出来。那些在医学上被定性的"疯子"，其实是遇到了一些他们应对不了的状况，他们无法解决这种困境，有可能就会通过发疯来逃避。

一、祥林嫂的疯

祥林嫂的故事大家都很熟悉。她的一生非常艰辛、坎坷，早年嫁给比她小 10 岁的丈夫，有婆婆和一个小叔子，家中以打柴为生。后来丈夫不幸去世，为了逃避被卖掉的命运，祥林嫂孤身一人来到鲁镇，在卫老婆子的介绍下，在鲁四老爷的家中做女工。祥林嫂虽然是一个寡妇，但她模样周正，手脚都壮大，又常常顺着眼，是一个安分耐劳的人。试工期内她干活勤快有力，很快就成了鲁四老爷家中正式的女工。日子一天一天地过去，但是祥林嫂的做工却丝毫没有懈怠，到年底，筹备福礼，全是她一人担当。

然而好景不长。新年刚过不久，祥林嫂的婆婆突然来到了鲁镇，并强行带走了祥林嫂。原来祥林嫂的婆婆为了给小叔子筹办结婚彩礼，竟然将祥林嫂嫁到了山里。在众人的迫使下，祥林嫂也曾干过"出格"的事，然而终是嫁给了第二个丈夫贺老六。年底，祥林嫂的儿子出世了，一家人的生活倒也平静了一段时间。时隔不久，厄运又一次降临在祥林嫂的身上。先是丈夫死于风寒，接着她的儿子又惨死狼口。生活的重创彻底击垮了祥林嫂。

为维持生计，祥林嫂又一次来到了鲁镇，重新在鲁四老爷家做工。但是这一次，祥林嫂不但没有先前的灵活，记性也坏了许多，脸上死尸似的没有一丝笑容。她逢人便讲起儿子的死和自己的悲惨遭遇，乡亲们起初特意过来听听祥林嫂的悲惨故事，渐渐地她被乡里人所厌恶。

"我真傻，真的，"她说，"我单知道雪天时野兽在深山里没有食吃，会到村里来；我不知道春天也会有。我一大早起来就开了门，拿小篮盛了一篮豆，叫我们的阿毛坐在门槛上剥豆去。他是很听话的孩子，我的话句句听；他就出去了。我就在屋后劈柴，淘米，米下了锅，打算蒸豆。我叫，'阿毛！'没有应。出去一看，只见豆撒得满地，没有我们的阿毛了。各处去一问，都没有。我急了，央人去寻去。直到下半天，几个人寻到山坳里，看见刺柴上挂着一只他的小鞋。大家都说，完了，怕是遭了狼了；再进去；果然，他躺在草窠里，肚里的五脏已经都给吃空了，可怜他手里还紧紧地捏着那只小篮呢。……"她于是淌下眼泪来，声音也呜咽了。①

因为失去了孩子，祥林嫂处在疯的边缘。虽说这是鲁迅刻画

---

①鲁迅：《祝福》，载《东方杂志》1924年。

的小说人物形象，但在现实生活中也是实实在在有可能发生的。祥林嫂保护不了自己的孩子，让孩子被狼叼走了，她没办法安放这件事，于是就有了权益之疯。

二、年轻妈妈的疯

我接过一个咨询案例，那个来访者正好就是权益之疯。她怀孕好几个月的时候流产了。流产之后她疯了，住进了精神病院。在医院接受的治疗，效果不是特别好，正好主任医师认识我，就推荐我来帮忙做一下咨询。当时我用的是文化心理治疗。她为什么疯呢？就是因为她没有办法接受她的孩子没有了，认为是被别人杀掉的。作为母亲，她没有保护好自己的孩子，也不知道怎么解决，于是就疯了。

权益之疯一般是个体没办法把现实的事情在内心顺利安放。对于这个年轻妈妈来讲，现在最关键的是如何化解"儿子被杀"的认知。在做治疗时，我知道她需要用健康的方式找到平衡，如果还是在现实中找不到平衡，就只能用症状找平衡了。

我运用了与家族对话的文化心理疗法。先让她用石头把她丈夫家里死去的祖先排列出来，然后让她面对面与"他们"对话。她先问他们："我的孩子去哪里了，你们见到没有？"就有人回答："见到了。""你们怎么安排呢？"有人说："他是我们家族的人，我们已经把他安排好了，我们会照顾他的。"做完之后，她的症状就得到了缓解，因为她得到了答案，她孩子的归宿找到了。

但她所说的杀死孩子的"凶手"还没有被惩罚。我又用另一个文化仪式——象征，让她与"凶手"对话："你为什么要杀死我的孩子？"在这个过程中她渐渐得到了释放，因为她毕竟还有一个现实的自我、道德的自我和社会的自我，在这个过程中她知道了这件事情是她无能为力的。这一切"仪式"完成之后，她的症状也没有了，再加上药物的治疗，根本问题得到了解决。

不是担心孩子没人照顾吗？让她知道有"列祖列宗"抚养着，这下总该放心了吧！不是想着为孩子报仇吗？让她直接和"仇人"理论，把想说的话发泄出来，通过对话的过程来重新正视这个"杀孩"事件，她的"报仇情结"不就得到释放了嘛！

这是文化动力的问题。如果你运用科学唯物主义的那套体系，很难解决她的问题。就像一个人说他见到鬼了，你跟他说世上哪有鬼一样，那是帮不了他的。你需要找出他心里的那个鬼是什么样的，能够制伏这个鬼的方法是什么。按照精神现象学的角度来说，活在精神世界里的东西，它也是存在着的，它也是真实的，不是我们眼睛看到的世界才是真实，精神现象也是精神世界的真实。所以我们一定要顺着患者的思路说，不要强行进行改变，他所谓的那个事件，在他的精神世界中，也是真实存在的。

三、孩子被吓傻了

面对权益之疯，作为一名社会心理学工作者，我们该怎样去做危机干预呢？

比如说有个妈妈带着小孩开车行驶在路上，结果把别人的车给碰了。别人拿着棍子气势汹汹地把她的车砸了。当时这个小孩还坐在车里，面对这情形，小孩都被吓蒙掉了，眼睛发直，一副惊慌失措的样子。

当我见到这个小孩的时候，他就是一副惊慌失措的样子，这其实也是一种疯的状态。他说他没有发疯，只是突然被吓到了。这属于应激障碍，我需要对他进行危机干预。我问他："打你妈妈的那个人狠不狠？"他说："狠，我很害怕。"我说："你想不想保护妈妈？"他答："想，可我没办法，我害怕。""你为什么保护不了妈妈？因为你年龄小，你不要因为没有保护到妈妈，就感觉自己无能。"当我说到这里的时候，这个小男孩就哭了，因为我说出了他的心声。

小男孩想要保护妈妈，但是没有能力，他觉得很惭愧，很有压力，但面对那个场景他又很害怕。所以我就拿来一些小动物的玩具，都是长得很凶恶的动物，如恐龙、蜥蜴、老虎、豹子等。我对他说："你从中找出一个动物，感觉哪个像打你妈妈的那个人？"他马上就找了一个最丑最凶的动物过来。我说："现在你有办法可以对付他了。"他就一下子把那个动物的头给拧掉了。

在这个过程中，我运用的是投射技术。让小男孩把那个坏人投射到小动物身上。他完成"报仇"的行为后，应激障碍就会慢慢消除，他的心理机制也会被破解。所以在面对这种情况时，一定要先安放他的心灵，让他在心里面把这件事情顺起来。

四、母亲羞愧而疯

有个学员曾经给我分享过这样一件事情：他的远方舅妈突然疯了。有亲戚去她家看望她，起初舅妈还能安静地陪坐，之后突然就会蹦出一句"不要瞧了"之类的话，有时候还会跑到厨房拿着刀出来，样子特别吓人。后来他（学员）问了家人这是怎么回事。原来是因为舅妈的女儿也就是他表妹要离婚，已经闹了很久，但他老公就是不跟她离，后来有一天表妹就直接带了一个男的回家了。那时候正好家里很忙，很多亲戚朋友都在她家帮忙，很自然地就撞见了表妹和那男的。当时我舅妈可能觉得特别丢脸。等表妹带着那个男人走了以后，舅妈就成了这样一种状态。

这有点类似当着所有亲朋好友的面，舅妈的衣服被女儿全脱光了，舅妈羞愧到了极致，一下子不知道怎么应对。如果女儿提前告诉舅妈，她找了个男的，这次要带回家吃饭，回家也不久待，吃一顿饭就走，让舅妈提前能有个心理准备。现在舅妈完全是懵掉的状态，她没有办法在心里缓解这件事。就像我们要从楼上下来，我们肯定不能直接跳下来，我们需要有个梯子，不管是楼梯、电梯还是木梯，一定要有一个踩的东西。

女儿的行事作风，让舅妈觉得羞愧不已，她一下子不知道怎么应对这个状况，就出现了权益之疯。所以危机干预往往是要帮当事人把那颗心给安放好。只要他有了安置的地方，病情自然就好转了。

五、小结

大家知道，凡是权宜的，都是我们保护自己的一种机制，只不过这种保护机制是不利于身心和谐的，也不利于自己走向理想自我，成为更好的人。但是对于有些人来说，权宜之“计”可能是目前最好的解决方法了。不过从长远来说，这个权宜之“计”是需要升级的。就像我们现在买不起大房子，我先买间小房子住着，不过这间小房子是不安全的，可能有老鼠有蟑螂，但是没关系，等到条件好了我们换一间大的就行。

为什么我们要了解机制？主要想把那些不利于身心灵健康、社会和谐的应对模式优化调整，使其回到一个正常状态。比如说你有压力了，去打球释放就是一个很好的方式，但是你去酗酒，就会损伤自己的身体。你往身体上招罪，就是权宜之病，最麻烦的就是权宜之死，你死了就再也没有机会了。

之前讲的权宜之死，是很糟糕的；权宜之病和权益之疯同样也很糟糕。它们都是属于下三品的应对之策，都是消极的、不可取的应对方式。不过有一些权益之“计”却是积极的或中性的，这在我们以后的内容中会讲到。

第十二章　权宜之优

权宜之优，这个"优"其实是幽默的"幽"。幽默是人类特有的高层次心理功能，不但能够缓冲压力，调节失败挫折的冲击，也是人际交往的润滑剂。当负面事件来临时，较具幽默感的人可以有效调适外界压力，获得生活的平衡。因此权益之优是一种积极地应对环境的方法。

一、优伶与权宜之优

可能大家会有疑惑，既然是幽默的"幽"，为什么要写作"优"呢？这里要做一个解释。"优伶"这个词想必大家多多少少听过，他们代表的是身段本事突出的演艺人员。古汉语里优是男演员，伶是女演员。

唐玄宗时期，由于其好乐工，当时的优伶待遇是很高的，如李龟年、李彭年、李鹤年兄弟三人都有文艺天赋，李彭年善舞，李龟年、李鹤年则善歌，李龟年还擅吹筚篥，擅奏羯鼓，也长于作曲等。他们创作的《渭川曲》受到唐玄宗的特别赏识。由于他们演艺精湛，王公贵人经常请他们去演唱，每次得到的赏赐都成千上万。

优伶本就是从事演艺的人员，但权宜之优不一样。选择权益之优的人，主要是在面对外部的不良环境时，没办法化解，又不愿意走权宜之死、权宜之病、权益之疯这种下三品路线，于是就想办法提高自己，让自己和外部环境和解，才走上了一条幽默的路线。不过他们的幽默是发自内心的，它不是职业性质的，是自己长期会去用的。

二、家庭中的权宜之优

如果一个特别有智慧的男性，遇到了一个特别不讲道理的妻子，他不愿意离婚，什么权宜之死、权益之疯、权宜之病他都不愿意。但是老婆总是让他上不了台面，遇到事他还得自己兜着，这时他该怎么办呢？于是就出现了权宜之优。

古希腊大哲人苏格拉底经常受妻子的辱骂与欺侮。他的妻子名叫珊蒂柏，是有名的悍妇。传说苏格拉底未娶她之前，已经闻悍妇之名，然而苏格拉底还是娶了她。他有解嘲方法，说娶个悍妇，于自己的修身养性大有帮助。

有一天妻子在家吵闹不休，苏格拉底忍无可忍，只好出门。正到门口，他妻子竟从屋顶倒了一盆水下来，正淋在苏格拉底的头上。面对众邻居诧异同情的目光，苏格拉底笑着说："我早晓得，雷霆之后必有暴雨。"引得众人哈哈大笑。

因为苏格拉底在家里不能安静看书，因此形成一个习惯，天天到市场去，站在街上谈天说理。这就开启了"游行派的哲学家"的风气。他们讲学，不在书院，就在街头。这一派哲学家的养成，看来也应归功于苏格拉底的老婆。

同样地，北宋名人沈括，也是一个面对悍妻选择权益之优的人。①沈括博学多才，晚年创作出《梦溪笔谈》，享誉中外。此书也被誉为我国古代八大科学名著之首。然而就是这样一位英才，却多年遭受家庭暴力的打击，更不可思议的是他居然对这样的生活安之若素。

沈括的妻子张氏是京城女子，她父亲是朝廷命官。熙宇二年，张氏嫁给了丧妻的沈括。怕老婆是一种美德，沈括在续娶娇妻之后把这种美德发扬光大。张氏的跋扈到了令人发指的地步。有一次沈括不知为何惹怒了张氏，张氏冲上来一把揪住了沈括的胡子，顷刻间胡子和下巴分离，沈括的下巴鲜血直淌，家人们吓得捂住眼睛。

这之后，沈括怕张氏怕到了骨子里，每次听到张氏的声音，忍不住浑身战栗。沈括就是在这样的高压氛围中创作完成了《梦溪笔谈》，这本在中国科技史上占有重要位置的著作，表达也很幽默诙谐，令人忍俊不禁，不知沈括在叙述这些的时候，是否脸上有伤、心中有泪。

沈括到镇江八年后，张氏去世了。素知张氏刁蛮暴戾的朋友庆幸沈括终于摆脱了苦难。沈括却哭得一把鼻涕一把泪："张氏走了，我活着还有什么意思？"自张氏死后，沈括的健康每况愈下。朋友们经常陪他散心，一次在江边他们又说起了张氏，沈括一言不发抬脚就要跳江，幸好被朋友拉住了。

凡是幽默水平高的人，往往都是有智慧的人。自知者明，

①《沈括在家庭暴力中完成〈梦溪笔谈〉》，网址：http://www.doc88.com/p-5713051035317.html。

知人者智。只要是自知的人，只要是知人的人，他们都不会走下山路，因为他们的心理健康，人品也正，在面对困难与挫折的时候，他们往往会选择和解。所以，一个特别有智慧的男性，他遇到了一个特别不讲道理的妻子，时间长了以后，他会怎么办呢？苏格拉底和沈括给了我们答案：虽然老婆经常弄得我下不来台，甚至还要家暴我，但我还得面对，那就用幽默来化解尴尬吧。

三、官场中的权宜之优

上文中我们说的是夫妻关系，而在官场上同样也存在着权宜之优。比如说你在单位里面不受领导喜欢，所有的人包括你的下属都已经被提拔了，可偏偏你还在原地踏步。你怎么办呢？你还得被他们嘲笑打趣，但是你不会选择用别人的错误来惩罚自己，这就是和命运幽默。人生道路上有时候是很讲运气的，投资就有好多的运气成分在里面。当然运气我们也是可以去调整的，比如说你人缘好，肯努力上进，你的运气自然就不会差。

其实幽默是一种高级的心理机制，它能够缓冲压力。幽默的人，首先是具有积极思维的人，不会钻牛角尖，在人际关系交往中往往能起缓冲作用。即使遇到一个坑，他慢慢地就过去了，不像那些心理弹性弱的人，一使劲儿，轮胎直接爆了。幽默是一种积极的心理品质，不知大家有没有看过陈道明演的东方朔，这个东方朔可是两千多年来诙谐幽默的代表人物，还被相声界公认为“开山祖师”。我们来具体看一下他有哪些幽默事迹吧。

有一天，汉武帝得到进贡的"不死酒"，说是喝了可以长生不死，汉武帝高兴地拿给东方朔看。东方朔却一饮而尽，汉武帝气得要杀他，东方朔说："皇上要杀就杀吧，反正我已经喝了不死酒了，如果杀死我了，表示酒没有效用，如果这真的是不死酒，那皇上不就杀不死我了吗？"汉武帝也对他无可奈何。

尽管东方朔经常与雄材大略的汉武帝相处，就这一点说，他并非怀才不遇。然而，东方朔始终都被武帝视为俳优，仅仅被当作打趣逗乐的宫廷文人，东方朔无法实现自己的政治抱负与治国才能。因此，他的一生也是悲剧的一生。

与那些怀才不遇者相比，东方朔更令人惋惜，其悲剧性也更深刻。东方朔在作品《七谏》中，对自己不受重用的悲剧处境进行抗议，"悲楚人之和氏兮，献宝玉以为石。遇厉武之不察兮，羌两足以毕斨"。可见东方朔不仅用幽默来表示对自身悲剧性的抗议，还用幽默来消解这种悲剧性。[①]

与此相同的是，清朝的纪晓岚也同样把幽默的艺术发挥得淋漓尽致。看过《铁齿铜牙纪晓岚》的读者就会发现，有一段纪晓岚骂御史和尚书的话特别经典。话说纪晓岚当礼部侍郎的时候，一天尚书和御史联袂来访。聊着聊着，突然从外头跑进来一只狗。尚书心中突生一计要取笑纪晓岚，便道："咦，你们瞧那是狼是狗？"（侍郎是狗）纪晓岚知道尚书在捉弄他，当下也不动声色地说："要分辨狗或狼有两种方法。一种是看它的尾巴，尾巴下垂

①《苏轼与东方朔幽默性格比较谈》，网址：http://blog.sina.com.cn/s/blog_53998e7c010009n4.html。

是狼，上竖是狗。"（尚书是狗）一旁的御史大笑道："哈哈，原来上竖是狗，哈哈哈。"此时纪晓岚不慌不忙地接着又说道："另一种分辨的方法就是看它吃什么。狼是非肉不食；狗则遇肉吃肉，遇屎吃屎。"（御史吃屎）这下子连御史也襟声无言了。

虽然电视剧《东方朔》和《铁齿铜牙纪晓岚》是现代的文艺作品，但是这也说明了在过去的官场和政治中，有一些人利用权宜之优找到了自己的位置。当面对官场中的那些不得已的事时，幽默一下也不失为有效的解决之道。

四、深陷困境中的权宜之优

深陷困境中的权宜之优，这必须得提到我们的大文豪苏东坡。苏东坡的人生道路上有许多的泥泞，他曾遭遇过三次贬谪。

第一次由于"乌台诗案"被贬到黄州，在黄州四年多的时间内，他在东坡开荒种田，"东坡居士"就是由此而来。苏东坡还多次到黄州城外的赤壁山游览，写下了《赤壁赋》《后赤壁赋》和《念奴娇·赤壁怀古》等千古名作。

东坡先生再贬惠州时已经 59 岁了，在惠州待了 3 年，就又被皇帝贬到了儋州，也就是今天的海南儋州市。在宋朝时，如果被发配到海南，只是比死罪轻一等的处罚。如果说死罪是一等大罪，那被贬海南就能排第二。可是东坡先生不以为苦，反把儋州当成了第二故乡。他还在这里办学堂，招收学员。很多外乡人听说苏轼在这里办学，不远千里来到儋州报名交学费。本来在苏东坡来之前，海南从没出过进士，苏轼一在这里办学，就有当地人被推荐为乡贡进士。

这里我们统计了一下苏东坡的流放时间。他被贬黄州时已经45 岁，这一贬就是 4 年；他被贬惠州的时候 59 岁，在惠州居住了 3 年；他被贬儋州的时候 62 岁，在儋州住了 3 年，离开海南的时候已经 65 岁了。所有贬谪流放时间，加在一起整整 10 年。对于这十年的流放期，东坡先生还在《自题金山画像》一诗中进行了这样的自嘲："心似已灰之木，身如不系之舟。问汝平生功业，黄州惠州儋州。"

古代的文人们，遭遇贬谪的人不在少数，可真能做到淡定且从容的，可没有几个，东坡先生算是特例。林语堂曾在自己编著的《东坡传》中，做过这样的陈述："苏东坡已死，他的名字只是一个记忆。但是他留给我们的，是他那心灵的喜悦，是他那思想的快乐，这才是万古不朽的。"的确，对东坡先生的文采我们是应该竖大拇指的，但是他更让人钦佩且值得学习的，应该是他乐观的处事态度。

五、小结

不知正在阅读此书的你，幽默水平有多高？在现实中遇到困难的时候，你能否减压化解，把事情巧妙地处理掉呢？每个人都具有幽默细胞，只不过有的人多有的少，如果是一到十分，你觉得自己能得几分呢？

权宜之优算是一种能力，因为当事人当下没有办法把一些事件处理好，事实上，谁又能做到万事都处理得好呢？就像之前我们说的"中和位育"，你该在哪里就在哪里，这种状态也是很难做到的，因为生活中总有很多的事要我们处理，就算你自己不想动，也有人会推着你动，人生的不容易就在这里了。

第十三章　权宜之写

当外部的压力我们无法应对或者无法改变时，把自己的郁闷心情通过书写表达出来，这就是权宜之写。

一、蒲松龄与《聊斋志异》

蒲松龄写《聊斋志异》就是典型的权宜之写。为什么这样说呢？这还得从蒲松龄的经历讲起。[1]

蒲松龄出生在一个商人家庭中，家里条件还算富裕。年轻的蒲松龄可以在家安心读书，准备科举考试。但好景不长，家里就出了很大的变故。

蒲松龄的两个哥哥娶的妻子都泼辣，为了一点鸡毛蒜皮的小事，就把家里闹得鸡犬不宁。蒲松龄的父亲实在看不下去了，只好给这3个儿子分了家。蒲松龄的妻子非常贤惠，不像两个嫂嫂能吵又能抢，分家的时候只是默默躲在一边等待蒲松龄父亲的安排，最后，蒲松龄只分到了3间破房子，20亩薄田和只够吃3个月的粮食。

从这以后，蒲松龄不能像过去一样只读书，什么都不管了。他必须要自谋生路。于是，他做了一个私塾老师，其实当时私塾

<hr />

[1]《蒲松龄和〈聊斋志异〉的故事》，网址：http://www.gs5000.cn/gs/lishirenwu/19924.html。

老师的薪水非常低，每年最多只有8两银子，辛辛苦苦教一年书，挣的钱还不够富人家的一顿宴席。父亲去世后，蒲松龄还得赡养母亲，家里就更揭不开锅了。

为了解决全家的温饱问题，蒲松龄挖空了心思，可在当时，文人要想出人头地，就只有走科举这条路，蒲松龄也把希望寄托在了科举考试上。但屡战屡败，屡败屡战，始终不能如意，直到他72岁时才成为一个岁贡生。蒲松龄的一生可以说是在贫困线上挣扎，他曾经感慨道："穷神穷神，你和我为什么这么亲近，整天寸步不离地跟着我，就算我是你的一个仆人，你也得给我放几天假呀，但是你一步都不离开我，就好像是两个热恋的情人！"

科举考试始终不能得志，蒲松龄对黑暗的社会和不合理的科举制度产生了很深的抵触，他有一种倾诉的愿望，于是他打算写一本书。为了收集故事的素材，蒲松龄花了很多心思，最后终于想出了一个好办法。他在住地附近的马路边搭起了一个草亭，设立了一个茶棚。

就这样靠着和客人闲谈，蒲松龄收集到了很多很有意思的故事。他白天在茶棚中忙碌，晚上就回到自己的书斋中，凭着记忆，将这些故事加工润色后记录下来，写在自己的书中。因为故事是通过聊天得来的，蒲松龄就给自己的书斋起名字叫"聊斋"。

蒲松龄将自己一生的情感寄托到文章当中，自己一生的坎坷困窘、生活阅历与情感都寄托在孤鬼花妖的诡异世界里。他有苦无处诉说，文字成了他排解苦闷的武器。这就是典型的权宜之写。

在他的著作中，鬼也不是鬼，怪也不是怪，妖魔鬼怪有时候比人还可爱、还善良。因为他写的是传奇故事，所以他为自己的小说集取名《聊斋志异》。

二、吴敬梓与《儒林外史》

吴敬梓写《儒林外史》也是典型的权益之写。吴敬梓反对八股文、科举制，憎恶士子们醉心制艺，热衷功名利禄的风气。他把这些观点反映在《儒林外史》里，以讽刺的手法，对丑恶的事物进行深刻的揭露。

吴敬梓的家族自其曾祖父起一直科第不绝，官也做得相当发达，有过 50 年"家门鼎盛"的时期，但到了他父亲时已经衰败。祖辈的科第发家和当时的家门不振使他早年也醉心举业，20 岁时考上了秀才，这也是他一生所取得的最高功名。

三年后父亲亡故，他的生活发生了明显的变化。他继承了一笔丰厚的遗产，族人欺他这一房势单力孤，蓄意加以侵夺，这使他看到人情世态的凉薄，并由此产生了对家族的厌恶和反抗的情绪。于是，他一面涉足花柳风月之地，肆意挥霍；一面随意散发钱财给向他求助的人，他被乡里视为"败家子"。吴敬梓几次乡试都没有考中，也遭到族人和亲友的歧视。他感到在家乡很难居住下去，便在 33 岁时把家搬到了南京。

到南京以后，家境虽已很困窘，但他仍过着豪放倜傥的生活，与四方文士交游，甚至在没落之中，仍变卖了家产，以葺先贤祠。此外，他对仕途也失去了兴趣。36 岁时，安徽巡抚赵国麟推荐他入京应“博学鸿词”科考试，他也称病不去。

吴敬梓是旧时代一种很特别的人物。在吴敬梓看来，在所谓“正经人”的世界里，人心为功名富贵和虚假的道德所掩蔽，失去了生命应有的健康性，更失去了求知和求真理的热情，倒不如“和尚道士、工匠花子”生活得自然本色。他必须从这个“正经人”的世界中逃脱出来，才不致使自己的生命遭到窒息。

但生活的理想究竟在哪里，这对吴敬梓仍然是一个艰难的课题。他看到“衣冠人物”的堕落，想到的是原始儒学以人格修养为先的原则，觉得讲求礼乐仁政和君子式的“文行出处”，才是挽救士风的途径。

《儒林外史》是吴敬梓四十多岁的时候写的，这正是他经历家境剧变而深悉世事人情的时期。

《儒林外史》对科举进行了大力抨击。在第一回“楔子”中，吴敬梓就借王冕之口批评因有了科举这一条“荣身之路”，使读书人轻忽了“文行出处”——即传统儒学所要求的“士”的学问、品格和进退之道。第二回进入正文，一开始，又首先集中力量写了周进与范进这两个穷儒生在科场沉浮的经历，揭示科举制度如何以一种巨大的力量引诱并摧残着读书人的心灵。他们原来都是在科举中挣扎了几十年尚未出头的老“童生”，平日受尽别人的轻蔑和凌辱。而一旦中了举成为缙绅阶层的一员，“不是亲的也来认亲，不相与的也来认相与”，房子、田产、金银、奴仆，也自有人送上来。

鲁迅在《中国小说史略》中曾这样评价：“是后亦鲜有以公

心讽世之书如《儒林外史》者。"在这里鲁迅强调了"公心"，即作者对于世事的讥讽，并非出于因个人遭遇而产生的对某些人物或对社会的激愤，更无哗众取宠、耸人听闻的用意，而是出于对社会的真切认识，包含了一种忧患之心。①

三、书写的疗愈作用

限于外在的压力，我们无法把内心的想法直接表达出来时，借助文字的力量不失为一种好方法，这其实就涉及表达性艺术的疗愈作用。

心理学家本尼曾经做过一项实验，他要求实验者连续4天，每天坚持15分钟，匿名写下自己最痛苦的经历，他对参加实验的人员是这样要求的："连续记下你一生中最痛苦的经历，不用考虑语法和句型，只需写下自己内心最真实的想法。你什么都可以写下来，但是这段经历必须深深地影响过你，而且最好是你从来没有向其他人提及的。记下发生的经历，记下你当时的真切感受和你现在的想法。在这4天中可以写出相同的或者不同的经历，完全取决于自己的意愿。"在这段要求中有很直接的提示："对痛苦经历的感受"相当于描述自己的情感；"写下那段痛苦的经历"相当于描述自己当时的行为；"事后的分析"相当于描述自己对事物的认知。参加实验的人员按照本尼的要求坚持写日记。

---

①章培恒：《中国文学史》，复旦大学出版社1996年版。

本尼发现，当他们在持续 2 天记下痛苦的经历之后，焦虑度开始上升，但是到了第 4 天的时候，他们的焦虑度又开始下降了，甚至是低于原始的焦虑水平，然后在很长一段时间内一直保持稳定。4 个 15 分钟不过是短短的 1 小时而已，但是带来的效果却是终生的。

上述实验证明，书写是一个很有效的解压手段。实验者在以后的时间里降低了焦虑度，并且提高了心理和生理的免疫能力，情绪也变得更加积极乐观和开朗，为什么会有这样的结果呢？这是因为痛苦情绪和快乐情绪共用一个神经通道，如果想堵住痛苦的情绪，同时也会将快乐的情绪堵住。所以，只有疏导痛苦的情绪，才有可能获得更多的快乐情绪。就像你面前有条河，流过的水越多，它就变得越宽阔，然后会有越来越多的水流进去，这是变化的本质——自我实现。

这些当代的科学研究很好地验证了古人采用书写的方式来表达自己内心不满的有效性。

四、小结

不管是蒲松龄也好，吴敬梓也罢，他们都是仁人志士，在追求理想人格的道路上，他们也是赶路人。当追求不到自己的理想人格时，他们就用他们自己的笔来表达自己的心情，但是他们不写正史，写外史，写鬼怪小说，这也不失为一种解决之道。

现实生活中，我们也经常能看到这样的人，他们指桑骂槐，指东说西，他就是不直接说那个人，不让那人有反驳的机会。虽然这是一种迂回的方法，但最起码他能间接把苦闷表达出来，这样他就不会走下坡路了，至少他不会选择权宜之死、权益之疯、权宜之病。这种指桑骂槐也能缓解掉很多不好的情绪，这算是一种高级的解决之道。

中华文明一路走来，长江黄河两边的路并不平坦，追求君子之道的路也并不平坦，所以才出现了这么多的权宜之计。如果都是用下山路的权宜之计，说明我们这条路是需要进行维修的。《聊斋志异》不仅是蒲松龄一个人的表达，他背后还有一群儒者、君子。《儒林外史》以讽刺的手法对丑恶的事物进行揭露，他反对八股文，因为正是由于对八股文的追求，才形成了一大批酸儒。但是他不能直接说出来，否则性命就保不住了。

作为一个学者，他们想表达对这个社会的不满，又想借助自己的力量去影响世人，写正经的传记肯定是不行的，因为这种反动思想是不能被主流社会所认可的。怎么办呢？他就写这种大家都喜欢看的小说题材，通过底层百姓进而影响上层人士。

第十四章　权宜之投射

权宜之投射，是指个体通过对外部的投射来应对外界的压力，外物是自我的一种投射。柳宗元在被贬官期间就把自己投射为石头；陶渊明在归隐期间，以菊花为伴侣；周敦颐也以莲作为品格的彰显。这章内容我们主要探讨这三个人物与它们的权宜之投射。

一、柳宗元与石

公元 805 年（唐顺宗永贞元年），柳宗元参加了王叔文的政治集团，对当时宦官专权、藩镇割据的腐败政治进行了一些改革，但在反动保守势力的强烈反扑之下，永贞革新只能以失败而告终，王叔文政治集团的成员也遭到残酷的迫害和镇压。作为其中一员，柳宗元被贬到永州做了毫无实权的司马。

柳宗元在湖南永州居住了 10 年，在这期间，他并没有因为永贞革新的失败而对所从事的事业有丝毫的怀疑，但是没有实权的职务和自己的政治思想不被采纳却在柳宗元的心里留下了创伤。有了心病自然需要排解，柳宗元也不例外，他的排解之法就是寄情奇山秀水和异石。

作为文学家和艺术家，他们有天生的手段——作品，来疗愈自己。 文人不把心中的苦闷吐出来会生病，但吐出来又会遭遇政治迫害，基于这种"不吐有病，吐了有难"的两难情境，文学艺术作品就成了表达的途径。在柳宗元的作品里，石头代表的是内心的自我，而山水就是与自我互动的外部环境。他写石头的过程就是对自我的一个表达，同时体现出了道家"物我两忘，物我一体"的哲学思想和智慧。

例如在《小石潭记》中，柳宗元写道："潭中鱼可百许头，皆若空游无所依，日光下澈，影布石上。"说明水非常清澈，清澈到鱼的影子直接映射到水中的石头上，这其实就是作者的心境和环境的一种对应。一幅山水画，多么干净、清澈，而自己所处的环境却是多么的污浊，于是内心就升出一种难以表达的羡慕感，这种羡慕感反照回来又坚定了自己的内心：虽然现在身处困境，但是我仍然坚信，未来我可以到达现在看到的这个风景所展现的状态。也就是说，外部的环境让柳宗元坚定了信念：我所走的路是对的，我所主张的思想是正确的，我应该继续坚持下去，不要因为眼前的困难而放弃、而懈怠。

一个人之所以在经历了困难和挫折之后很难走出来，是由于他不能接受过去自己的选择以及经历的事件。如果柳宗元一直是这种否定态度，他将很难走出来，好在外部的景色激发了柳宗元内心里的积极情绪：他相信这个世界还是美好的，相信经过努力和坚持，未来一定会还他一个清清白白的世道。

柳宗元遇到了人生的困境，产生了心理创伤，但是他把自我的心境和外部的山水风景结合起来，用一块小小的石头疗愈了自己的心理创伤。这个过程完全符合现代心理科学"表达性艺术治疗" 的过程。

二、陶渊明与菊

陶渊明，这位安贫乐道，不为五斗米折腰的东晋诗人，是中国历史上为数不多的能在看透官场的黑暗腐败后，毅然决然地辞官归里，过着躬耕自织的隐居生活的诗人。他的诗歌平淡自然，真实质朴，在中国文学史上有着极其重要的价值和意义；特别是陶诗中的很多自然意象 (如：风、鸟、菊、酒、松、南山) 都有着统一特殊的象征意义，而其中以酒和菊花最为出名。

菊花自古被誉为 "花中四君子" 之一，淡朴傲霜，气韵高洁，因此常常作为一个独立的审美意象出现在诗人的笔下，成为诗人们吟咏歌颂的对象。在陶渊明的诗中，共有《九日闲居》《和郭主簿二首》其二，《饮酒》其五、其七，《归去来兮辞》五处写到了菊花。其中，最为出名的当属 "采菊东篱下，悠然见南山" 一句。陶渊明种菊，采菊，食菊，赏菊，叹菊，颂菊，与菊为生，开创了物我合一的新境界。"三径就荒，松菊犹存" "芳菊开林耀，青松冠岩列"，他以自身的人生经历，隐逸情怀，真正参悟到菊之风骨、人之傲骨，创造了诗、菊、人浑然天成的高远境界，虽不是把菊花引入诗中作为风骨意象的第一人，却给菊花增加了一种清新隐逸之感，高风亮节之德。

在魏晋这样一个特殊的历史时代，在儒学衰微，道学、玄学兴盛，门阀士族垄断高官权位的现实面前，陶渊明作为一个没落的庶族寒士，他的政治理想注定无法实现。在多年的宦海浮沉之后，他的思想追求发生了质的改变，最终选择了"守拙归园田"的自然理想，陪伴他实现这一精神追求的正是酒和菊花。

三、周敦颐与莲

水陆草木之花，可爱者甚蕃。晋陶渊明独爱菊。自李唐来，世人甚爱牡丹。予独爱莲之出淤泥而不染，濯清涟而不妖，中通外直，不蔓不枝，香远益清，亭亭净植，可远观而不可亵玩焉。予谓菊，花之隐逸者也；牡丹，花之富贵者也；莲，花之君子者也。噫！菊之爱，陶后鲜有闻。莲之爱，同予者何人？牡丹之爱，宜乎众矣！

宋熙宁四年（公元1071年），著名的理学家周敦颐来星子任南康知军。周敦颐为人清廉正直，襟怀淡泊，不与世俗同流合污，平生酷爱莲花。周敦颐来星子后，在军衙东侧开挖了一口池塘，全部种植荷花。周敦颐来星子时已值暮年（55岁），又抱病在身，所以每当公余饭后，他或独身一人，或邀三五幕僚好友，于池畔赏花品茗，爱莲花之洁白，感宦海之混沌，并写下了一篇脍炙人口的散文《爱莲说》。《爱莲说》虽短，但字字珠玑，历来为人所传诵。

在写法上，《爱莲说》具有"说"这一文体的共同特点，即托物言志。文章从"出淤泥而不染"起，以浓墨重彩描绘了莲的气度、莲的风节，寄予了作者对理想人格的肯定和追求，也反射出作者鄙弃贪图富贵、追名逐利的世态的心理和自己追求洁身自好的美好情操。

这也是他为官的经验总结，因为他不想同流合污。而"濯清涟而不妖"，不过是作者的一种良好愿望罢了。常在河边走，哪有不湿鞋的道理？所以百花之中独莲而能为，弥足可贵也。这也是作者的感叹吧，因为在大环境中他是不可能做到独善其身的，除了逃避与远离，或者就只能如他那样兢兢业业地守着自己的一份志节。

四、小结

柳宗元与石头、陶渊明与菊、周敦颐与莲，这些都属于权宜之投射，因为他们无法借助官场来实现自己的抱负，便只能寄情于外物。我们现在很多人会认为他们这是玩物丧志，但是玩物丧志的那个物，是你玩了不该玩的东西，别人去争权夺利，他没能力，也没那志向，只能把注意力转向外物了。但是柳宗元他们不一样。他们生活水平不错，就算不当官，也依然可以潇洒地活着，玩玩古董，逗逗鸟也是可以的。但是他们不愿意，因为他们坚守心中的理想人格之路。他们不愿意同流合污，又不愿意放弃自己的做人原则，而当时的官场风气也不是很好，可能随时都会存在危险，那该怎么办呢？只能借助外物自保和自我疗愈了。

柳宗元对石头的爱，其实也是爱自己，心疼自己：现在我没办法实现自己的抱负，只能进行自我同情。同样地，陶渊明与周敦颐把自己的人格、志向与外物连接在一起，从而使菊与莲成为他们品格的一个标签。

不过现在的环境与古时大不相同。古时不允许做的事，现在有很多是可以做的。如果你真的有抱负、有理想，也是可以通过多种路径来实现的。当时的封建社会，只有官场才能实现士大夫们的抱负。现在有国有企业，也有民营企业，如果这些你还不如意的话，你还可以出国、移民，总有可以实现抱负的地方。你不在学校做教育，你在社会上也一样可以做；你不在军队上报国，你在社会上也可以报国。只要你有志向，不和自己过不去，还愿意去努力，总有路径可以让你实现自己想要的东西。从这一点来说，我们比古人们幸运多了。当然如果在这么开放的环境中，如果还出现很多的权宜之计，还有很多人没走上理想人格的道路，也是有些可惜的。

第十五章　权宜之隐

权宜之隐是指通过退隐山林来应对外界的压力。古人常常会用退隐来解决自己与外界的冲突。当然有些人是一边隐一边还打听着外面有没有机会，只要有机会，他随时就会放弃退隐，比如说诸葛亮与孟浩然；当然也有一种隐是真的保持了归隐，终身不再出世这种状态，比如说许由与老子。老子知道大自然有很多东西是改变不了的，所以他就选择了隐，他的隐是主动的隐，他不是一种逃避。所以关于权宜之隐，我们也要分情况对待。

一、许由的权宜之隐

许由是上古时代人，与尧同时，距今已有4000多年的历史。许由是尧舜时代的贤人。帝尧在位的时候，他率领许姓部落生活在今天的登封、许昌、禹州、汝州、长葛、鄢陵一带，这一带后来便成了许国的封地，许由从而也成为许姓的始祖。

尧帝是上古时候的明君。据说他到晚年的时候，想把天下让给有贤德的人。人们都说许由是一位高士贤人，隐居在箕山里头。尧就跑到山里去找许由。尧帝曾多次向他请教，还想把君位传给许由，遭到了他的严词拒绝。

许由说："我看还是算了吧。你治理天下已经很好了，我再出来当天子，难道是为了博得名声吗？名声是很次要的东西，我实在用不着。打个比方吧，就算一大片树林都归鹪鹩（jiāoliáo，一种鸟）所有，它也不过在一根树枝上筑巢；就算一整条大河都归鼹鼠所有，它喝水也不过灌满它的小肚皮——我要那么大的名声干什么呢？你还是回去吧。就算厨师不做饭，尸祝（管祭祀的人）也不该代替他去准备酒菜呀！"

许由认为自己德才不如虞舜，担心尧帝的几个儿子不服，引起内乱，让百姓受苦，便连夜奔走到岐山隐居。他日出而作，日落而息，过着自耕自食的生活。

后来尧帝派人找到了许由，想请他出任九州长官，许由赶紧跑到河边洗耳，表示不愿意听这种话。许由以自己淡泊名利的崇高节操赢得了后世的尊敬，从而被奉为隐士的鼻祖。战国时代的思想家荀子就曾称赞他说："许由善卷，重义轻利行显明。"

二、诸葛亮的权宜之隐

诸葛亮的出身不一般，他是西汉司隶校尉诸葛丰的后代。他的父亲诸葛珪做过泰山郡丞，叔叔诸葛玄曾被袁术（一说是刘表）推荐为豫章太守。可以说诸葛亮是出生于世代官宦之家的。诸葛家族的朋友遍布于上层社会。比如他的叔叔诸葛玄，与荆州最高统治者刘表关系很好。

按理说既然和刘表有这层关系，诸葛亮怎么不投靠刘表呢？原来此时，曹操、袁绍、吕布、孙策等各霸一方，袁术又在淮南称帝，战争连年不断，国家形势异常混乱，群雄争霸尚不知鹿死谁手。而原来还比较安宁的荆州，从建安二年的五月开始，由于曹操进攻宛城的张绣，战火烧到了荆州，引起此地的人心不安。在这强者兼并弱者的严酷形势下，刘表只求自保一州，而不思进取；荆州又处于天下必争之地，随时都有被人吞并的危险。在这种情况下，唯有锐意进取才有生路，一味偏安，哪有前途呢？诸葛亮也许正是看出刘表难成大事，又不愿投靠别的势力，所以才选择暂时隐居。

再者，诸葛亮的叔父诸葛玄的求安思想对他影响较大，这让他事事谨慎，知道荆州不可能长治久安，遂决定隐居躲避。后来他在《出师表》中说的"苟全性命于乱世，不求闻达于诸侯"，正是反映了他当时的真实思想。

诸葛亮出身名门世族，身上有先祖遗风，又受到过良好的儒家教育，特别是颠沛流离中目睹和经受了战乱之苦，使他产生了铲除奸贼、平定战乱、统一天下的伟大抱负。但他也知道，要实现人生抱负，必须有担当重任的才能，所以，他才移居隆中，为自己找一个好的环境来从事躬耕、苦读，而后就有了妇孺皆知的"三顾茅庐"。

三、孟浩然的权宜之隐

孟浩然，世称孟襄阳，是唐代著名的山水田园派诗人，其诗绝大部分为五言短篇，多写山水田园和隐居的逸兴以及羁旅行役的心情。孟浩然早年有志用世，但在仕途困顿、痛苦失望后，尚能自重，不媚俗世，以隐士终身。

孟浩然是一个有抱负的人，他少年时代就立下了"鸿鹄志"。

30 岁前后，他仕宦的欲望非常强烈，如在《田园作》中写到"望断金马门，老歌采樵路。乡曲无知己，朝端乏亲故。谁能为扬雄，一荐《甘泉赋》？"他热望进取，而又苦于无门路。开元十七年春试中，颇负声誉才能的孟浩然竟然落第了。

他并未气馁，而是与诸名士联诗献赋，以求达政。一次与张九龄、王维等联诗时，以一句"微云淡河汉，疏雨滴梧桐"，使"举座嗟其清绝，咸搁笔不复为继"。王维经常吟咏，还情不自禁打着节拍赞好。

一天，王维请孟浩然来商谈风雅吟咏，忽然遇上唐玄宗前来，孟浩然赶紧藏伏于床下。王维不敢隐瞒有朋友在这儿，便奏闻玄宗，玄宗高兴地说："我听说过此人，但为何他会惧怕地躲起来呢？"玄宗想召见孟浩然，孟浩然自然要从床底下出来。

玄宗问他："你带诗了吗？"浩然答道："我偶然来，未能带上。"玄宗说："那你就吟咏一首。"孟浩然拜谢后，便念起诗作《岁暮归南山》："北阙休上书，南山归蔽声。不才明主弃，多病故人疏。白发催年老，青阳逼岁除。永怀愁不寐，松月夜窗虚。"

玄宗听了叹息说："我未曾弃置人才，只是你个人不来求进，怎么反倒怪起我来了！"玄宗很生气，后果很严重。孟浩然一生不得仕进。

这首诗颇有牢骚怨悱之情！表面上是一连串的自责自怪，骨子里却是层出不尽的怨天尤人。说的是自己一无可取之言，怨的却是才不为世用之情。"不才明主弃，多病故人疏"，就可见孟浩然对怀才不遇的抱怨及自己的失落愁闷！

孟浩然的一生，徘徊于求官与归隐的矛盾之中，直到碰了钉子才终结了做官的愿望。他虽然隐居林下，但仍与当时达官显贵如张九龄等有往来，和诗人王维、李白、王昌龄也有酬唱。

孟浩然在归隐之前，和王维告别之时，曾写了这样一首诗："寂寂竟何待，朝朝空自归。欲寻芳草去，惜与故人违。当路谁相假，知音世所稀。只应守寂寞，还掩故园扉。"这首唐诗的题目是《留别王侍御维》（或为《留别王维》）。这首唐诗的一开篇，孟浩然内心深处的失望显而易见。"寂寂竟何待，朝朝空自归"，如此令人失望的岁月，究竟何时才能结束？每天满怀着希望，最终收获的却只有失望。此时的孟浩然已经心如死灰，"欲寻芳草去"，决定要归隐山林。

四、小结

在追求理想人格的道路上，如果外界的阻力暂时无法突破，又不愿选择权宜之死、权宜之病、权宜之疯这种消极的应对方式，权宜之隐也是不错的选择。权宜之隐、权宜之写、权宜之投射都是高级的应对方式。至少这些应对方式不伤人，他们可以保存实力。当你选择隐的时候，或许你隐着隐着就发现有机会了，就像诸葛亮这样。

不过现在好多人在面对苦难的时候，这条路他走不通，就不知道退一步，硬是在这条路上较真，最后伤人伤己，你说又是何苦呢？不过选择权宜之隐，并不是说你什么都不做，在家等吃等喝，而是说你要沉淀自己，提升自我。因为在当今社会中，如果没有经济来源的话，是很难生存下去的，你不可能当一辈子"啃老族"。所以，为了以后的顺利与成功，你可以在"隐"的这段时间阅读一些书，学习一些知识，安抚自己的心神，这也算是另一种厚积薄发吧。

第十六章　权宜之偷

权宜之偷是指通过偷窃来应对外界的压力。当外界的压力没法解决时，有些人就会选择偷窃来消除自己的紧张。

一、匡衡的权宜之偷

西汉时期，有个农民的孩子，叫匡衡。他小时候很想读书，可是因为家里穷，没钱上学。

匡衡买不起书，只好借书来读。那个时候，书是非常贵重的，有书的人不肯轻易借书给别人。匡衡就在农忙的时节，给有钱的人家打短工，不要工钱，只求人家借书给他看。

过了几年，匡衡长大了，成了家里的主要劳动力。他一天到晚在地里干活，只有中午歇晌的时候，才有工夫看一点书，所以一卷书常常要十天半月才能读完。匡衡很着急，就想着可以多利用晚上的时间来看书。可是匡衡家里很穷，买不起点灯的油，怎么办呢？

有一天晚上，匡衡躺在床上背白天读过的书。背着背着，突然看到东边的墙壁上透过来一线亮光。他霍地站起来，走到墙壁边一看，啊！原来从壁缝里透过来的是邻居家的灯光。于是，匡衡想了一个办法：他拿了一把小刀，把墙缝挖大了一些。这样，透过来的光亮也大了，他就凑着透进来的灯光，读起书来。匡衡就是这样刻苦地学习，后来成了一个很有学问的人。

这就是历史上有名的"凿壁偷光"的故事，不过匡衡的"偷"光，也实属是一种权宜之举，这里我们可以把他的行为解释为"借、引"。如果用现代的道德标准来对他的"偷光"定性，是非常不合适的；但他这种努力进取的精神却是现在人们学习的榜样。

因为匡衡的努力学习，他的命运也开始发生改变，甚至最后官至宰相。在我们看来，这已经是一个非常正面的逆袭成功的故事，但是故事的结尾偏偏不是这样。匡衡在晚年分到了 31 万亩土地，对于我们而言，这已经是个很大的数字了，然而匡衡还嫌不够多，于是就想办法利用边边角角"偷"了 4 万亩土地。结果这个把柄被他的同僚抓到。同僚趁机向皇上上奏，想借此让匡衡下台。皇上一听，一气之下就把匡衡贬为庶民。匡衡也被贬回故乡，没多久就在贫困交加中去世了。[①]

匡衡最终落得个这样的结局，也是他自身造成的。按心理学理论来解释，小时候遭受暴力的孩子，长大了一大半人依旧会以暴制暴；小时候家里穷困，长大后对物质的占有欲也不可估量。小时候缺什么，长大后心里就会想要什么。而匡衡的一生很好地印证了这个例子。

如果说匡衡小时候的行为属于权宜之偷的话，那他之后的行

---

① 《儿时匡衡凿壁偷光，长大后却偷了四万亩土地，历史的背后令人唏嘘》，网址：https://www.360kuai.com/pc/9d9252db8f7209f88?cota=3&kuai_so=1&sign=360_57c3bbd1&refer_scene=so_1。

为就真的是违背道德的偷了，这一点匡衡实实在在是做错了的。

二、光绪的权宜之偷

古代的皇帝是最高统治者，按道理来说应该是想要什么就能得到什么，实际上出于对皇帝身体的担忧，他们还真的不能想做什么就做什么。清朝养育孩子遵循节食的办法，认为不能让小孩子吃太多，否则小孩子是很容易生病的，深受其苦的就是光绪帝了。

光绪皇帝并不是慈禧的亲生儿子，而是慈禧的妹妹跟醇亲王所生。在同治皇帝去世之后，年仅 4 岁的光绪就被慈禧扶植成了皇帝。因此，在光绪 4 岁的时候，他就开始接受严格的饮食安排了。

据清朝的史料记载，光绪在吃饭的时候，太监都会把他抱到椅子上。因为光绪年幼，只能够到面前的几道菜，而太监们又不把其他菜端到他面前。再加上椅子太高，光绪皇帝根本就下不去，所以光绪每顿饭几乎都只吃面前的几道菜。后来，御膳房在得知光绪只吃那几样菜之后，就想了一个偷懒的办法，每天只做光绪眼前的那几道菜，其余的菜都是上一顿撤下来的，然后再次端上去。

后来，光绪的年纪渐渐大了，也曾让御膳房换几道菜，但是换菜肴需要慈禧的同意。而慈禧得知此事之后，不仅没有答应，反而斥责光绪浪费。害怕慈禧的光绪，从此再也不敢提换菜肴了。到光绪 10 岁的时候，有一天晚上他实在是太饿了，就跑到了太监的房间里，找到了一个包子后，拿起就跑。太监发现后便追了上去，不敢让他吃太多，苦苦哀求之下，要回了半个包子。[1]

一个皇帝做到这个份儿上，也真是可怜。光绪皇帝的权宜之偷我们可以当作是一个孩子挨饿无助的无奈之举。

三、小孩的权宜之偷

之前在一个心理网站上看到过这样一个案例：孩子 12 岁，学习成绩不是很好，父母也没有怎么勉强孩子，唯一让父母困惑的是孩子总是偷钱，只要有机会就偷，父母每次发现孩子偷钱都会打骂孩子，但不知道为什么，孩子不但没有收敛，反而愈演愈烈，这次居然在家偷了 500 元出去。父母对孩子的这种行为非常无助。父母在无助中带孩子走进心理咨询工作室，希望在心理老师的帮助下能够改善孩子的这种行为，如果再这样下去不只是孩子有问题，父母也会崩溃。

咨询师在与孩子的交流中，开始孩子不怎么说话。孩子看上去很聪明，很可爱。在与咨询师慢慢建立信任关系后，特别是在针对偷钱的问题聊起来时，孩子说，自己感觉偷钱很开心，很舒服，特别是在拿到钱后感到很满足，再就是因为自己有钱后可以想买什么买什么，同学会跟在自己后面，超市老板也会恭维自己，那种被崇拜、被人羡慕的感觉真的好享受，也是在其他地方找不

---

① 《皇帝也会挨饿光绪曾偷吃太监的包子，溥仪对一只猪肘子念念不忘》，网址：https://www.360kuai.com/pc/9cf896f19e664c4a8?cota=3&kuai_so=1&sign=360_57c3bbd1&refer_scene=so_1。

到的。如果自己没有钱，如果不去买东西，没有谁会理会自己；爸爸妈妈总是在忙，根本没有时间陪伴自己；妈妈总是对自己说教，要么就是打骂唠叨，见到妈妈就想躲起来。自己不想回家，特别愿意待在超市里，有老板对自己的热情欢迎，还有同学对自己的推崇，真的，有钱的感觉就是好，自己也知道偷钱不好，自己也不缺什么，家里基本什么都有，但就是想要这种感觉，让自己放不下手。[①]

孩子享受有钱的感觉，其实是因为家长缺乏对孩子应有的关注与鼓励。用孩子的话说，钱本身不是问题发生的原因，而是在花钱时，同学给予的羡慕，还有超市老板对自己的热情。孩子认为只要自己有钱了，别人就会认可自己，如果自己没有钱，就不会有谁喜欢自己，而在家除了被打骂和说教，就是指责和抱怨，自己很窒息、不开心。因为很少与爸爸妈妈在一起，自己感觉空虚没有依靠，自己手里有钱时才是自己最开心、最幸福的时候。

为了得到别人的注意与赞美，孩子玩起了偷钱的游戏，这难道不是一种权宜之计吗？所以面对孩子的偷钱问题，有些家长是该反思一下自己的教育问题了。

四、偷窃癖

既然说到偷，我们就顺便了解一下偷窃癖吧。心理疾病中有

---

① 《孩子偷钱能否引起父母的反思》，网址：https://www.psy525.cn/special/42-19384.html。

一种偷窃癖，其表现是反复出现、无法自制的偷窃行为，这种偷窃不是为了谋取经济利益，也不具有其他明确目的（如挟嫌报复、窃富济贫或引人注意等），纯粹是出于无法抗拒的内心冲动，据此可与一般偷窃行为相区别。从精神病学的观点看，偷窃癖是一种特殊的变态心理行为。

董洁与韩星车仁表曾主演过一部非常火的电视剧《天若有情》，里面具体情节是这样的：展颜（董洁）是季冬阳（车仁表）的养女，被溺爱至极，又因缺失母爱，使她对养父有着极强的占有欲。她为了引起季冬阳的注意，每当看到他与情人在一起的时候，就会制造一些麻烦，使季冬阳离开情人，回到她的身边。她制造麻烦的手段就是偷窃，从偷季冬阳的连锁超市到偷医院的奶粉，再到偷名媛的包包……越来越严重。最初是"我偷东西你善后"的游戏，后来只要她情绪不好，就会去偷，只有这样才能使自己的心理平复、满足。她缺少物质吗？当然不，哪怕她想要天上的月亮，季冬阳都可以摘给她。

有偷窃癖的人，多数并不缺钱和物质，往往衣食无忧，只是缺少陪伴，缺少心灵上的慰藉，缺少安全感。

网上曾爆出过一对小夫妻的偷窃行为。这对夫妻25岁左右，在一家大型百货超市挑选了毛巾两条，牙刷、牙膏各一盒后，直接把这些东西藏在挎包和衣服口袋里，通过无购物通道走出了超市。成功行窃后，两人于两日后故技重施，又来到该超市，这一次他们拿了几条毛巾和几条平角裤，藏在挎包内离开了超市。再次行窃成功后的两人非常激动，之后小两口又光临该百货超市挑选了面膜、肥皂等物品。不过,这一次"好运"没有降临,正当他们准备离开超市时,超市保安一把将两人拦了下来。经鉴定,小两口三次盗窃物品总价值为1000余元。据悉,小两口的经济条件并不差,父母都是生意人,小两口跟着父母做生意,收入颇丰。法院对此案进行审理时,小两口也承认,他们频繁行窃只是为了寻找刺激。①

五、小结

明明不缺钱,为什么会出现反复偷窃的冲动呢?"偷窃癖"外在表现是偷,但根源却是焦虑、抑郁等不良心理,这多与患者儿时的成长经历有关。比如,很多"偷窃癖"患者都是单亲家庭长大的,或从小缺乏父母关爱等。

缺乏关爱的孩子可能通过恶作剧、偷东西等不良行为引起父母关注,从而获取情感上的需要。随着年龄增长,长期以来爱的缺失所带来的焦虑和不安全感积聚成疾,会导致他们出现心理障碍,"偷窃癖"就是其中一种。

偷窃,让他们享受到紧张刺激的快感。而当这种不道德的行为被人发现或让他们遭受惩罚时,他们心理上会获得一种受人关注的满足,以弥补其情感上的缺乏,这更让他们无法自拔。

通过偷窃来应对外界的压力,进而满足自己的某些需求,虽然看上去情有可原,但始终是被道德所不容的,尤其是在现在的

---

① 《年轻夫妇染上"偷窃癖" 每次作案不为钱只为刺激》,网址:http://www.jcrb.com/legal/fzyc/201611/t20161114_1677365.html。

法治社会中。所以奉劝那些有权宜之偷行为的人们，解决的方法有千万种，何必单走这一条路呢？赶紧寻找其他方法来缓解自己的压力与冲突吧。

第十七章　权宜之窥

人的本性中确实存在好奇心。当这种好奇欲望指向自然时，会引导人获得知识和经验，推动文明的发展；而当好奇欲望指向别人的隐私时，就是不应该被鼓励的"偷窥"了。

从心理学角度看，偷窥可能是一系列复杂欲望和动机的反映。性变态者的偷窥，如窥阴癖、窥淫癖，受扭曲的性欲望的驱使；而普通人的偷窥则可能是出于想了解别人的真实情况，或想控制别人，或想获取某种秘密等目的。[1]

本章所说的权宜之窥包括正常人的偷窥和性变态者的偷窥。

一、管理臣民的权宜之窥

古代皇帝为了更好地控制和监管臣民，维护自己的政权统治，会专门设立情报机构，来监视百官臣民。只要发现谁有不轨之心，就会立马杀掉。

现在我们提起古代的情报机构，都会不约而同地想一个地方，那就是锦衣卫。锦衣卫这个组织在明朝的二百多年的国运当中，扮演了非常重要的角色。

大家知道，朱元璋是一个权力欲特别强烈的皇帝，他废除了

---

[1]范春林：《隐私的天敌——偷窥》，载《百科知识》2007年第9期。

丞相制度，设三司分掌权力，进一步加强了中央集权。一般来说，权力欲越大的人，越是缺乏安全感，越容易猜忌别人。所以，朱元璋设立了锦衣卫，让他们担当自己的耳目，以使自己更好地控制臣民。后期，朱元璋发现锦衣卫的权力越来越大，大到引起了朱元璋的戒备之心。于是，朱元璋就把锦衣卫给取消了。

与朱元璋一样，明成祖朱棣猜忌心也比较强，并且他的皇位是从侄子手里夺来的，这让他更加缺乏安全感，更加不信任别人。对于这样一位皇帝来说，没有一个特务机构为他服务简直是难以想象的。因此，他恢复了锦衣卫。但过了一段时间后，他觉得仅仅拥有锦衣卫是不够的，因为锦衣卫归根结底是外臣，朱棣对于外臣难以百分之百信任。什么人能让朱棣百分之百信任呢？只有太监。太监是完全依附于皇帝的家奴，家奴可以被任意驱使，所以，朱棣更信任太监。以锦衣卫为蓝本，朱棣设立了东厂，东厂除了监督臣民之外，还负责监视锦衣卫。

但到了明宪宗这里，又添加了一个西厂。明宪宗设立西厂，是因为对锦衣卫和东厂均不满意。西厂除了监视臣民外，还负责监视锦衣卫和东厂。

可见明朝皇帝为了控制臣民和监督人员，真的是煞费苦心呀。当然除了明朝，宋朝也是有专门的情报特务机构的，这个机构就是皇城司。[①]

皇城司的组成人员是宋朝的禁卫军，类似于明朝的锦衣卫。

---

① 《中国古代三大情报机构，锦衣卫只能排最后，第一连就皇亲国戚都害怕》，网址：https://baijiahao.baidu.com/s? id=1605599111033889462。

这个皇城司在五代的时候就出现了，但是没有得到发展，到了宋太祖时期，皇城司成为皇宫的重要组织，专门为宋太宗刺探情报，监督军情，尤其是军队这块，宋太祖特别地重视，这是为何呢？

因为宋太祖靠陈桥兵变才"黄袍加身"的，他特别害怕部下夺取他的王位，故设立了皇城司。皇城司在宋太祖时期最为辉煌，据说有数万余人，这些人可不是普通人，都是从军队中选出来的尖子，负责保卫皇室和刺探情报，这支部队不受任何机构管辖，直属皇帝。

武则天时期，也设立过一个特务机构——梅花内卫。由于武则天是靠不法手段上位的，所以十分害怕别人害她，于是就设立了梅花内卫，内卫成员以梅花刺青为标志。这个集团以手段毒辣著称，且只为武则天一人服务，当时很多王公贵族都忌惮这个组织。后来随着武则天的驾崩，这个组织也解散了。

不管是朱元璋、宋太祖还是武则天，他们设立特务机构，收集情报，都是为了获得更多的安全感，从而维护自己的专制统治。从这一方面来说，就算是称王称帝，也有自己的后顾之忧呀！

二、预防偷窥机密的方式

除了监控臣民，皇家还需要做好机密保护的工作。古代官场，官府公文很多且内容多涉及国家机密。为了预防机密泄露，历朝历代也是各出奇法。①

　　秦始皇时期，公文是写在竹简上的。官员上奏时要先将竹简捆好，并在上面糊上泥团，在泥上印上玺印，然后放在火上烧烤，让泥变得干硬。随后，奏章被送到章台，由侍卫呈送秦始皇验查，如果看见封泥完好，那就代表没有被人私自偷看。

　　西汉时期，出现了"皂囊重封"的方式，皂囊是一种双层口袋，黑布面、白布里。"皂囊重封"是指皇帝先对书简进行玺封，放入黑色布袋后，由尚书令或御史中丞在布袋外再用自己的印章在外面加封，进行双重加密。

　　北宋时期出现了军事通信代码。据曾公亮、丁度等人编撰的《武经总要》记载，朝廷会把重要的军事信息比如被贼围、将士叛等内容归纳为40项，整合成40条短语，再分别对其进行编码。将领出战前，指挥部门会和他约定一首40字（无重复）五言律诗作为解码口诀，诗中的每一字都对应一条短语。在战争时期，前后方就用该密码本互通信息。

　　雍正年间，每一个封疆大吏在上任前，皇帝都会把他叫到跟前，给他一个密匣，上面有两道锁，而钥匙只有皇帝和拿匣子的大臣才会有。大臣在向皇帝呈递密折时，就会将折子放入匣子，直接交于皇帝亲自开锁御览，皇帝批示之后再锁上密匣还给上奏人，所有内容只有君臣两人知道。

　　保护国家机密，是每一个朝代的重大事务，稍有不慎，就会

①《古代文件如何加密？没想到古人先我们一步用密码了》，网址：http：//www.sohu.com/a/122150130_476294。

造成朝局动荡，人心惶惶。所以为了预防不法分子的偷窥，各种加密文件就这样横空出世了。

三、性变态者的偷窥

聊完正常人的偷窥行为，我们也来说说性变态者的偷窥。心理学上有一个专有名词——偷窥癖——就是指向这类人的。偷窥癖是指以偷看他人生活隐私，如性生活、更衣、沐浴等，来满足自身的变态欲望的一种非正常癖好。偷窥癖的出现可能是由于年少时性无知，导致性心理扭曲、畸形；也可能是成人性无能，或对性能力缺乏自信的一种替代补偿。

偷窥癖患者常用多种形式进行偷窥。正常情况下，被偷窥的人不会意识到自身处境，而偷窥者可以从很远的距离利用双筒望远镜、镜子、摄像机等器具进行偷窥；也有近距离的偷窥，不过这需要一定的环境条件，比如邻里之间，又或者在试衣间、公厕等地方。

四、汉成帝偷看女人洗澡

古代帝王也有很多奇葩，如明熹宗天启皇帝朱由校不爱江山爱木工；东魏孝静帝元善见想挖地道逃出皇宫，与权臣决一死战；也有抠门得连灯都舍不得点的道光皇帝，喜欢偷看女人洗澡的汉成帝刘骜（ào）。[1]

---

[1] 李阳泉：《中国文明的秘密档案》，百花文艺出版社2005年版。

最令汉成帝入迷的是赵合德兰汤沐浴。自从汉成帝一次无意间从门窗隙缝中窥见了赵合德洗澡后，"看澡"就成为他找到的新鲜刺激。一幕幕活色生香的旖旎画面，有景象、有动作、有表情、有声音，是汉成帝的经验里从来没有过的。他对身边的太监说："自古以来皇帝没有两个皇后，如果有的话，我一定要把昭仪（此时赵合德已为昭仪）立为皇后。"后来汉成帝为赵合德修宫殿，特意用蓝田玉镶嵌了一个大浴缸，注入豆蔻之汤，供赵合德沐浴。

赵合德知道皇帝经常偷看自己洗澡，就运用欲擒故纵的手法，尽量铺排无限的媒艳风光，甚至连浴后的情态也刻意加以美化，以吸引汉成帝的注意力。

赵合德入浴时的美态，时时撩拨汉成帝的心。皇后赵飞燕知道后，担心自己失宠，也如法炮制地想用洗澡吸引皇帝。汉成帝来了以后，赵飞燕开始沐浴，她赤身裸体，千娇百媚地挑逗皇上，还不时地往皇上身上洒水，以为会给皇上带去新鲜的刺激，谁知这一招让成帝大倒胃口，没等她洗完就匆匆离去了。

赵飞燕哪里知道这位爱看女人洗澡的皇帝的内心世界呢？汉成帝喜欢"从帷中窃望之"，而赵飞燕请他去观浴，哪里有什么新鲜刺激可言？汉成帝作为一代君主，有这样的癖好，也着实让人想象不到。

五、男人偷窥女厕

近几年，媒体屡屡报道酒店发生偷窥事件。据网上报道，一名男子由于无聊加上好奇，在女厕安装微型摄像头进行偷拍，结果因为没粘好，摄像头掉落，被人发现。

报警的是一名20出头的年轻女子，就在这栋商务楼里上班。当天下午4:30左右，她去上厕所，发现马桶附近的地上有一个黑色的东西，看着像小朋友玩的迷你玩具相机。不知道这是什么，女子怀疑之下就将它带回了店里，结果被告知是摄像头，女子就赶紧报警。

民警赶到现场后，发现摄像头底部装有内存卡。读卡后，一切都真相大白了。卡里有一段视频，视频中的男子挺年轻的，戴着眼镜，身穿一套白色制服，一看就是厨师的制服。男子安装好摄像头后，便离开了。结果，过了20分钟左右，可能是没有粘牢，摄像头掉在了地上。又过了5分钟，报警的女子就进来了，摄像头也被发现了。也就是说，摄像头除了把偷拍男子自己安装摄像头的过程拍下来之外，其他什么都没拍到。

不过，内存卡里还有一些试拍片段。根据这些线索，警方立即在附近的餐厅进行排查，最终找到了嫌疑人。

六、老公偷窥，妻子怒气离婚

妻子在洗澡时，无意间瞥见浴室的天花板上有一个黑乎乎的东西，等她站起身来一看，才发现那个东西是一个摄像头，而摄像头的安装者竟然是自己的丈夫。为了弄清事实的真相，这位妻子便佯装出门，后出其不意又返回家中，结果发现丈夫正赤身裸体躺在床上，而床前的摄像机播放的正是她刚才洗澡时的录像！

直到这时，脸色发青的妻子才知道，睡在身边数十年的丈夫竟然是个窥阴癖者，他需要用偷窥的方式才能得到快感！

一怒之下，妻子将丈夫告上法庭。丈夫的辩护律师无奈地说："原本夫妻之间不应该存在什么偷窥不偷窥的事，但是被告作为丈夫，也不应该不经过妻子的同意便在浴室安装摄像头，这毕竟是一种侵犯个人隐私的行为！"

把丈夫送进监狱后，这位妻子似乎还是不能接受自己被偷窥的现实，随即向法院提交了离婚申请。

七、偷窥的产生原因

引起偷窥的原因较复杂，偷窥的动机多种多样，对不同的偷窥行为需要做具体分析。一般认为，偷窥主要是由以下几种原因引起的。[1]

首先，好奇心导致人们对隐私的打探。心理学家说，偷窥源自于人类天生的好奇心，是人人都具有的欲望。人们总是想了解别人的一切，有些信息不能从公开渠道获取时，偷窥可能就成为一条可供选择的获取途径。人们很想知道，那些光鲜亮丽的外表背后，还隐藏着什么？那些名人背后，还有什么不为人知的事件？基于这样的想法，狗仔队、偷拍记者才会这样不厌其烦，连续好几年追拍一个明星，总想挖点什么劲爆消息出来。

---

[1]范春林：《隐私的天敌——偷窥》，载《百科知识》2007年第9期。

其次，基于安全感的需要，我们也想多掌握些信息。人类是社会性动物，人们需要从外部获得适宜的刺激来维持正常的心理活动；需要从他人那里获得反馈信息，以便使自己能够较好地适应未知世界，以利于自我生存和发展。这种心理需求在信息闭塞和个体缺乏安全感时尤其强烈。现在我们国家正处于社会转型时期，人们的工作压力、生活负担与社会信任危机空前提高，社会成员大多都缺乏安全感，心里的空虚感也会随之上升。在这样一种生存环境中，一部分人为了缓解压力，排解空虚的内心，就开始寻求刺激，比如采取偷窥别人隐私的行为。

再次，逆反心理与压抑欲望通过偷窥可以获得舒缓。在人际交往中，每个人既有向他人公开的一面，也有不愿为他人获知的隐秘的一面。那些越是被禁止的东西就越容易激发人的兴趣和探究欲望。禁忌越多，偷窥的欲望便越强。这是逆反心理的基本表现。社会文明的进步，同时也意味着对人的本能欲望的压抑和禁锢。而被禁锢的欲望并不等于消失，它们只是被压在潜意识之中，变本加厉地寻找出路。从这个意义上来说，只要还有欲望激发，就会有挖空心思地揭露别人隐私的人。

八、小结

在一定程度上，偷窥的确能满足人多方面的心理需要，如满足人的好奇心、探究欲和安全感，宣泄人的逆反心理和被压抑的欲望，但偷窥也给被偷窥的人带来了麻烦和伤害，会受到社会道德的谴责和法律的惩罚。

　　此外，普通人的偷窥与变态者的偷窥也没有绝对的分隔线，普通人的偷窥超出一定的频率、程度，难于受理智的管束，则可能演化为变态行为。

第十八章　权宜之走

权宜之走，这个"走"是离开、逃避的意思。权宜之走是指通过逃避来应对外界的压力。

一、爱情难舍的权宜之走

卓文君与司马相如的故事想必大家都听过。汉代文景之治时期，由于社会安定，卓家经营得法，已成巨富。卓文君为四川临邛巨商卓王孙之女，姿色娇美，精通音律，善弹琴。卓文君16岁时嫁人，几年后，丈夫过世，返回娘家居住。

临邛县令王吉与司马相如交好，卓王孙得知"县令有贵客"，便设宴请客结交，相如称病不能前往，王吉亲自相迎，相如无奈，只得赴宴。卓文君因久仰相如文采，遂从屏风后窥视相如，相如佯作不知。当相如受邀抚琴时，弹奏了一曲《凤求凰》，倾诉对卓文君的爱慕之情。文君通过琴声，知晓了相如的心意，偷偷地从缝隙中看他，不由得为他的气派、风度和才情所吸引，也产生了敬慕之情。

宴会完毕，相如托人以重金赏赐文君的侍者，以此向她转达倾慕之情。于是，卓文君趁夜逃出家门，与司马相如私奔，两人连夜赶回成都。

司马相如家里一无所有，几个月后，他们卖掉车马，回到临邛开了一间小酒馆。卓文君当垆卖酒，掌管店务；司马相如系着围裙，夹杂在伙计们中间洗涤杯盘瓦器。这对才子佳人开的小酒馆远近闻名、门庭若市。

卓文君出身豪门，从小含着金汤匙出生，而司马相如则穷得叮当响，二者阶级悬殊太大，卓文君的父亲十分不看好这桩婚事，禁止女儿与司马相如相交，但卓文君还是选择了与司马相如私奔。卓文君的私奔是对父亲的强烈反抗，她一个弱女子没有什么办法，只能选择深夜逃走。从这一角度来看，卓文君的私奔也属于一种权宜之走。

其实古代社会对于"私奔"的惩罚极其严厉，男方被发现后，会从祠堂中除名，他的土地也会被充公，人会被绑到门板上，施以棒刑，甚至被打死；女子要么被送回家，要么被投入井里淹死。若是女方家庭好，属于大家闺秀被穷小子勾引私奔的，女方家庭则会把男方赶出势力范围。但是无论男女，双方家庭都会觉得在社会上"抬不起头"。

但是爱情的力量有几个人能抵挡得住呢？如红拂女与李靖、梁山伯与祝英台、焦仲卿和刘兰芝等，多多少少都有些"私奔"的意味。

二、家庭纠纷的权益之走

隋文帝杨坚结束了几百年的南北分裂局面，开创了"开元盛世"。然而，正是这样一位有大作为的皇帝，却很怕自己的皇后。

隋文帝与独孤皇后是青梅竹马的一对，可独孤皇后却是个大

"醋坛子"，对杨坚的私生活严加监管，如同防贼一般。

隋文帝一次偶然的机会遇到了年轻美貌的尉迟姑娘，便临幸了她。独孤皇后知道了这件事，怒不可遏，趁着隋文帝上朝，私自处死了这位尉迟姑娘。消息传到杨坚耳中，他被这突如其来的噩耗惊蒙了。独孤氏没有经过自己的许可便把尉迟氏处死了，想想自己身为一国之君，连自己的女人都保护不了，杨坚非常生气。

隋文帝写下书信，表示不愿再当这个皇帝，之后便悄悄出走了。他一个人骑着马从宫里跑了出去，漫无目的地狂奔，跑了二十多里地才停下，一直待到后半夜才在群臣的劝说之下返回。杨坚长叹一声道："吾贵为天子，不得自由！"只好硬着头皮和独孤皇后继续过日子。

历史上同样是皇帝命的顺治帝福临，也曾经用同样的方法来摆脱深宫的约束。在清朝第二位皇帝顺治帝短短的一生中，他一共娶了19个妻妾，差不多是每年一个，但是最讨他欢心的，只有董鄂妃一人。

顺治十七年，董鄂妃因病去世，顺治痛不欲生。为哀悼董鄂妃，他5天不理朝政。之后，他又将董鄂妃追封为皇后。

董鄂妃死后，顺治的心也随之而去。蔡东藩的《清史演义》里写道："顺治帝经此惨事，亦看破世情，遂于次年正月，脱离尘世，只留重诏一张，传出宫中。"此外，还有《清稗类钞》《清代野史大观》等书中均有关于顺治帝因董鄂妃去世而削发出家的故事。

顺治帝的离家出走，令清宫上下惊慌失措。他们为了不引起世人的非议，只得向外宣布：顺治皇帝驾崩。但是，这种谎言也瞒不了多久。很快，堂堂的大清皇帝为了一个女人削发为僧的事就在民间广为流传了。

三、摆脱命运的权益之走

说到范仲淹，大家都知道他的那句千古名言："先天下之忧而忧，后天下之乐而乐。"

范仲淹的童年非常悲苦，早年丧父，母亲拖着这个幼小的孩子一筹莫展。后来，范母改嫁到了一个富裕的朱姓人家里。对方不仅接纳了她，还毫无芥蒂地接纳了她和前夫所生的孩子，而唯一的要求是这个孩子要改姓朱，今后就当作朱家血脉来养育。

于是这个尚在懵懂中的范家孩子从此就以朱姓开始新生活了。这个新的家庭很和睦，生活看起来要变得美好了，但是，在这样的环境中长大的范仲淹，竟然对这个家庭有了一个极大的不满——生活不能这么富裕。

原来，年幼的范仲淹早早就认定了"生于忧患，死于安乐"的道理。他坚信富裕、安逸的生活会消磨人的意志，而解决之道只有一个，那就是"自讨苦吃"。

于是，范仲淹选择到山寺里寄宿读书，刻意用苦行僧的生活标准来磨砺自己。他每天的伙食只有稀饭，为了把稀饭当干饭吃，他总是等稀饭晾凉、凝结之后用筷子划成四块，早晚配着咸菜各吃两块。所以流传下了"划粥割齑"的典故。

范仲淹已经到达勤学苦读的极致了，但命运偏偏还要给他一点刺激。范仲淹意外得知自己不是朱家的儿子，这让他的自尊心受到了极大的伤害。从那一刻起他便下了决心，将来一定要自立门户，靠自己的双手搏出一片未来。

后来，范仲淹不顾母亲和继父的苦苦阻拦，只带着最简单的行李辞家而去。他不再想要继父的哪怕一点点接济，他相信自己有本领闯出一片天。[1]

范仲淹的权宜之走，完全是由于家庭环境和他自身秉持的理念不同造成的。

四、亲子冲突的权宜之走

了解了古人的权宜之走后，我们来看看现实生活中的权宜之走，这其中以中学生的权宜之走最为频繁。在中学生中，男生大部分出走的原因是亲子冲突、情绪失控、沉迷网络等，而女生出走的原因更多是学习和早恋。

上海曾对 19 个区县数万名初高中学生进行调查。[2]20.1% 的学生曾在过去的 1 年中想过离家出走，3.1% 的学生曾在过去的 1 年中离家出走过。从统计数据来看，学生离家出走的比例近几年呈上升趋势，而且呈现一定的特点：

第一，期中考试、期末考试前后学生离家出走的比例高于平

---

①《母亲改嫁富豪，范仲淹气得离家出走，被称为历史上最有定力的人！》，网址：http://k.sina.com.cn/article_6217256203_17293cd0b001002u3b.html。
②《暑假频现青少年离家出走事件，亲子冲突成导火索》，网址：http://www.chinanews.com/edu/2012/07-30/4068894.shtml。

时。考试前迫于考试压力、考试后成绩不良都可能是青少年离家出走的诱因。

第二，寒暑假中青少年离家出走的比例高于平时。寒暑假中一些学生生活无规律、受到不良诱因的影响或在家与父母频繁接触引发冲突，都有可能使青少年离家出走。

第三，家庭关系不良的孩子离家出走的比例较大。家庭夫妻关系紧张、亲子关系紧张使孩子不愿待在家里，选择离家出走。

第四，初中生离家出走的比例高于小学生和高中生。刚刚进入青春期的初中生由于认知不成熟、情绪易冲动，成为离家出走人群的大多数。

第五，男生离家出走的比例高于女生。不管是从电话咨询还是从来访的情况来看，男生离家出走的比例约为女生的3倍。

对于青少年离家出走的原因，四川师范大学教师教育学院院长游永恒认为主要有三个因素：首先，青春发育期的孩子具有激烈性、叛逆性等特质，一些性格过于反叛的孩子，易用离家出走的方式反抗家庭教育的权威；二是孩子与父母相处的压力大，孩子的意愿得不到尊重，一些父母粗暴简单的教育方式让孩子想通过离家出走的方式得到解脱；三是父母创造的家庭生活无聊乏味，使得孩子容易被外面世界的新鲜刺激因素所吸引，致使一些对父母缺乏尊重的孩子选择离家出走。游教授强调，父母应创造一个和谐的家庭氛围，加强家庭对孩子的吸引力，让青少年对家有归属感、亲切感，父母应避免对孩子有居高临下的感觉。

"为什么大多数青少年选择在暑假离家出走？"中国青少年研究中心副研究员洪明表示，与平时有学校、老师管理孩子不同，暑假往往为青少年的出走提供了时间上的客观原因。假期中，孩子与家长接触的时间更多了，并且希望有自己独立的安排，如果父母满足不了孩子的愿望，就有可能由于某个事件触发其反叛的情绪，演变成爆发性事件———离家出走。

而一项针对某大学80名大学生的调查显示，竟然有39人曾经离家出走过，有20人曾有离家出走的想法。在离家出走的人中，60%因父母管得太多而选择以离家出走来抗议；20%因为考试没考好，怕挨打而选择离家出走；6%因为厌学选择离家。

所以儿童青少年的离家出走已成为普遍现象，这其中有父母的原因，但无论什么原因，都不是孩子离家出走的正当理由，离家出走这种行为也是不被鼓励的。如果父母能深刻反思，改进自己，问题就会得到解决。而家长如果只是一味要求孩子去改，可能会收效甚微。

五、小结

通过逃避来应对外界的压力，虽说可以让自己暂时远离冲突，但对问题的解决是没有任何帮助的。古人是由于无奈才选择权宜之走，我们姑且把它看成是一种解决之道。现在的青少年离家出走，完全是一种赌气行为，是一时兴起而做出的冲动行为，这本身就是不可取的。

第十九章　权宜之地

在人际交往当中，我们每一个人都希望获得掌控感。因为没有掌控感，我们会不自主地感到恐慌和害怕。具备掌控感，就意味着我们要站在一个制高点，能清楚地观察到形势变动，并且自己有能力应对这种变化。当然，你掌控得多，可能就意味着别人掌控感的削弱。如果你是一个下属，这个时候你要把掌控权交给你的上级；如果你是一个专注做事情的人，你就要把一些责任与权力分配给别人，让别人去处理，去获得掌控感。如果你什么时候都要自己掌控，别人就没办法和你相处。

一、道德高地

胡适曾说，一个肮脏的国家，如果人人讲规则而不是谈道德，最终会变成一个有人味儿的正常国家，道德自然会逐渐回归。而一个干净的国家，如果人人都不讲规则却都大谈道德，最终会堕落成为一个伪君子遍布的国家。

现实当中有一些人，他认为自己不够安全的时候，就会把自己放在道德的位置上。比如说，一对夫妻发现一个地方狗肉生意好做，便投资买狗。当他们拉了一大车狗去贩卖时，却在高速公路口被动物保护协会的人拦了下来，强制性地把他们的狗给扣留了。志愿者的行为其实是违法的，不过他们打的旗号是爱护动物，把自己放在了生命道德的位置上，车主不好反驳，只能气往肚子里咽了。

志愿者们把自己摆在了道德的位置上，这其实是一种道德绑架。道德绑架指的是人们以道德的名义胁迫别人并控制其行为的一种现象。通俗一点讲，就是一种看似正当的强人所难。[1]

有时候家长也会打着情感的旗号控制孩子，比如父母会对孩子说：“我是你爸（妈），我这样做都是为你好。”由此父母任意对孩子发号施令。还有老人用尊老爱幼争夺公交座位；穷人用“有钱就该多出力”的理论谴责不捐款的富人；熊孩子仗着自己小胡作非为。但是在不同的事件中，你不是所有的事情都能控制。比如你刚进入一个团队，团队的氛围肯定不是你能控制的，而是领导控制的。如果你一进来，就以主人翁的身份指手画脚，那以后肯定不会有好的发展。

我们很多时候会站在道德的位置上评价别人。大家想一下，如果社会当中站在道德高地的人多了，这个社会会是什么样的？比如说一个人由于失误做错了一件事情，大家都站在道德高地上去指责他、辱骂他，这是一股什么风？不正之风！这股风就形成了一堵墙。社会很容易出现这样一种情况，就是道德约束频频地凌驾于规则之上。当社会中很多人使用这种权宜之计，法治就会受到践踏，那结果正如胡适先生所言，最终会堕落成为一个伪君子遍布的社会。

---

[1]韦志中：《道德绑架：杀人不见血的刀》，载《生命世界》2017年第9期。

比如那些老人，为什么敢在车上直接骂那些不给他们让座位的人？虽说尊老爱幼是我们中华民族的优秀文化传统，年轻人有道德有义务去尊敬老人。可是现在很多年轻人比老人都累，年轻人有时候在车上坐着都能睡着，而那些硬硬朗朗的老大爷老大妈却在那里倚老卖老，强迫年轻人让座，这些老年人就是利用了社会文化中的权宜之计，用道德去绑架别人。

二、道德与面子

大家可能会有这样的疑问：为什么有那么多的人要站在道德高地上？在我看来，是因为大多数人无法用正常的方式来实现自己的目的，所以只好出此下策。

在我带领的导师班和学员里面，我对以下两种人的态度是不同的：一种是在社会中找不到自己，总感觉到卑微的一些人，这类人往往会在我这里得到鼓励；另一种是在社会当中相对来说比较有特权，总是觉得自己牛气哄哄的一类人，他们一般会被我敲打得很厉害。这是我的教学风格所决定的。我为什么会这样呢？我的初衷是要让社会上每一个人对自己都有一个正确的认识。因为如果总站在道德高地，你就会对自己、对别人有理解上的偏差。

中国人是比较爱面子的，林语堂先生的《吾国与吾民》，主要谈论的就是中国人的心理。那面子与道德是一种什么关系呢？我们知道，道德是个体和群体都要遵循的行为规范。每个人的行为都受到外界的道德体制的约束。当我们的个体行为无法满足外界规范，但自己又必须进行此行为时，便会在内心做一个掩饰。

例如，我想成为一个好人，但我现在的觉悟还没有达到那么高的境界，可我想让大家知道我是个好人，这就需要自己去做一些掩饰的行为。其实，进行心理掩饰是有心理机制在起作用的。每个人都是先形成心理需求，即主观上有需求愿景，想与道德保持一致。从这个角度讲，面子是积极的，可以催人进步。

当然凡事都有两面性，有时候面子是一种逃避道德压力的手段。例如，我已经被发了"好人奖状"，这个结果已经众所周知了，我之后应该以什么标准来为人处事已经在别人心里"定格"了。可能我内心根本就不想这么做，但是屈从于道德的压力，我不得不变成虚假的人，这样才会免受世人的谴责。

积极意义和消极意义其实就是面子的两面。这里存在一个阈值：如果你的道德水平超过了这个值，你就是有道德的人；如果没超过，就可能只能通过弄虚作假来提高自己的道德水准。时间长了，这种人就成了虚伪的人。

三、道德绑架者的分类

虽然道德绑架属于强人所难的行为，但对于不同的人群，它发挥的作用也是有明显区别的。

第一，自欺欺人的人。他们了解社会道德水平，但苦于自身还未达到自我追求的道德水平，因此他们不断欺骗自己，不断对外掩饰，甚至出现种种道德绑架的行为。这类人实则为知行不合一的伪君子，属于可怜之人，被自己捆绑的人。

我们在生活中会发现，人人都想做好人，人人都想被别人评价为"活雷锋"，这是人心向善的本质体现。可是往往有很多人没有达到"好人"的道德水平却非要让他人评价自己为"好人"，这样他就必须掩饰，掩饰行为，掩饰自我，装扮成人人口中的"好人"。长期以"好人"的道德准则捆绑自己，长久压抑内心，得不到释放，以致出现种种心理问题。在心理学界称这类行为为"自虐行为"。

第二，保守主义者。这种人的确有很高的道德水平，凡事都按道德的标准去执行。当看到有人做出违背他们内心道德的行为时，他们必定会打着道德旗号上前批评指责，被批评的人已是无力反驳。倘若面对的是追求积极面子的人，可能人家只是想给自己一个向上奋斗的动力，虽然自己目前还没有完全做到，但这种面子仅是作为自己努力奋斗的方向而已。而保守主义者就会站出来说"你这是不道德的"，无疑是阻碍了追求积极面子人的人生道路的发展。

这就类似于两种力量的较量，维护面子积极主义的人相对是自由主义的人，具有消极主义的虚伪的那类人属于利己主义。保守主义的人不仅打击利己主义，还要打击自由主义。在打击利己主义和自由主义的过程中，可能就会出现行为上的越矩，会产生激进行为，这种激进行为实际上就违反了道德的本质。道德的本质在于全体人类共同健康发展，走向灵魂自由，走向生命绽放，这个本质看似维护集体的利益，实际上是维护每个生命的尊严。打着道德旗号的卫士其实在不经意间已经违背了道德的本质。

第三，别有用心之人。利用自己行善的名义逼迫他人就范或是利用他人的从善道德心理让他人就范。如一些四肢健全的人伪装乞丐在各大闹市乞讨，最后却成了富翁买上别墅。

实际上，我们站在道德的制高点绑架他人时，我们忽略了他人应该享有的社会权益，甚至剥夺了他人的权益。道德绑架具有道德性的特征，尽管道德绑架手段上有失道德性，但至少在意图上它是善的，即绑架者都很真诚地认为自己在履行道德，他们的道德感还很强烈，这点即使是被绑架者也不会否认，这是道德绑架的一个突出特征。

然而在现实生活中，有人会利用公众的同情心与道德感，有预谋地实施道德绑架，以谋取不正当的利益。比如一位母亲谎称自己的孩子得了重病，然后利用社会舆论压力要求甚至胁迫他人进行救助。这其实属于道德欺骗行为而不是道德绑架行为。尽管道德欺骗表面上也像道德绑架一样要求或胁迫他人进行救助，它甚至也会通过舆论压力的方式来实现。

四、道德绑架的影响

道德绑架实则是一种道德异化，偏离了人的主体性和目的性，从而成为胁迫人的工具。常见的道德绑架可以分为两种：一种是自我绑架，另一种是他人绑架。

道德是人的存在方式，代表着人的自觉自主自律，而人的目标是自我实现。自我绑架者对自己的要求超过了自我对自由的追求。如果道德成了一种威压和胁迫，人的行为没有了意志自由，就不能成为自己行为的主宰，甚至会成为道德的奴隶。

　　另一种是他人绑架，即行为人以行善的名义，通过舆论压力胁迫他人履行一定行。这种道德行为带有强迫性，是不尊重他人的意志自由和道德选择的。在家庭中，父母用道德绑架孩子，打着爱孩子的旗号，逼迫孩子长大后成为自己理想中的人，不经意间把爱变成伤害孩子的武器。在社会发展中，他人绑架行为越多，就越容易出现"群氓现象"。

　　比如说我的一个经历，大家知道我在办网校时，曾宣布我解除婚姻。一时间有几十个人发来信息，说我对你太失望了：我本来想请你讲课的，现在我觉得永远不会再请你讲课了。这些人怎么会有这种思想？因为在他的世界里，他把你看成一个理想化的人。因为他做不到，他要找一个人来做，但是当他发现他亲自找到的人也没有做好，他就会表达失望。但是我也只是一个普普通通的人，我也会选择自己的生活。甚至还有人跟我说听到我离婚，一夜没睡着。由于她有经营不好婚姻的遗憾，她把我当成了标杆，结果这个标杆一下子倒了，她就不知道该怎么办了。这就有点类似于电影《阿甘正传》里面的一个情节：阿甘在前面奔跑，后边跟了好多人，阿甘不跑了，后边那些人傻了，就不知道该干吗了。这怨阿甘吗？其实跟阿甘没关系，你跑你的，你去追求你的，对不对？这个背后说明什么？说明好多人面对自己的现实问题时不能承担责任，于是他就要找一个最佳的榜样让别人来帮他承担。

　　从某种意义上来讲，在追求成为一个更好的人的过程中，由于积极心理品质的缺乏，有些人会幻想着别人来替自己承担责任。这就相当于建立一个联盟，但自己躲在后面，不去追求自我实现。

这些人没有做到自尊，没有做到自立，没有做到对自己负责，没有做到真诚。

五、如何消解道德绑架

道德绑架事件的发生与人们的集体潜意识息息相关。道德绑架现象不仅影响到人们对道德的态度及其道德行为选择，而且对社会道德环境和社会风气也产生了不良影响。因此，消解道德绑架现象也应该成为我国道德建设的重要任务之一。在教育和社会管理中，我们要避免知行不合一，避免"两张皮"。

我们鼓励那些自我实现的人暂时有一些面子表现，因为我们看到了他们真正的道德意图是想成为一个优秀的人。我们要抨击那些自己做不到、还要死守那些虚假道德行为的人，如果我们对这些人进行鼓励，他们就会以为是表扬，这个以目标为导向的行为会让他们不顾过程，甚至铤而走险。因此在社会当中，我们要倾听和理解他人，要设身处地地对他人共情，不要动不动就以不道德谴责他人。其实社会道德有一种内在的隐形的道德体制约束，如果一个人违反了道德，他自己良心上也会过不去的。就像他已经准备好绳子自杀了，你还站在一边说风凉话，这和站在楼下，对自杀的人说"怎么还不跳"是一个道理。这种人如果存在多了，背后就是道德绑架的胜利，而不是道德教育的胜利，更不是人性的胜利。

实际上权宜之地的背后还体现出我们人格的不健全。人格的不健全是因为我们没有足够大的力量，没有足够好的品质，所以我们就要找到最佳位置。那么在这个社会当中，最佳位置是哪个位置呢？就是人人都在其位，人人都谋其事，人人都为自己的行为负责，人人都不去凌驾于别人之上。这样才是一个理性健康的社会，人们所走的路线也是一个正常的路线。当然我们要接受一个现实，不要试图改变别人，要尊重别人的人格系统，不要去越位，不要去侵犯他人。假如你真的要进入另外一个人的系统，你也要找到一个自己该待的位置，当然这需要一个慢慢适应的过程。但是利用社会的不良文化，对别人指手画脚，这种行为肯定是不行的。

现代社会，我们越来越尊重生命本身，越来越尊重独立个体，社会的秩序开始慢慢被改写。以前都是长辈说了算，现在家庭里谁挣得钱多听谁的。大家可以观察一下，一般桌上说话最狠的，说话最大声的，都是钱挣得比较多的。以前的君君臣臣、父父子子的伦理，已经被现在的经济市场打乱了。这对社会中的不良现象可能是一种制约。从另一个角度讲，我们避免了被站在道德高地上的人控制。我们做到了自尊自信，活出自我。

不过现在还有很多人不愿意和长辈硬碰硬，长辈说什么也都还是听的，就算是一些不好的言论，也都是默默承受着。正如过年回家面对长辈一样，总有些长辈会对你说三道四。我到我二姨家，就被说得一塌糊涂。不过他们并不是说我多么不好，而是他们有一种焦虑，他们害怕我对妈妈不好。一顿饭下来他们不停地在强调这个话题，我当时真的是有点生气了。之后我见到我叔，我叔也是站在道德高地上。他说你别不服气，乡下人就是怎样，你到时候回来怎么怎么样。我知道这是他在行使权威，所以也没有说反驳的话。我有时候就感慨，真的不是什么事情都能由我们自己主导，但是如果能做到不被影响，这就很厉害了。可惜很多人就会被影响，被压迫，这背后也反映了他们没有独立自我。我在外面还好，如果一直待在村子里，身边的人整天这样念叨，我迟早会被他们影响到。所以我们要拥有独立自主的人格。当你拥有独立人格后，就算站在道德高地的人再怎么“敲锣打鼓”，你也不会受到影响。

　　心理教育任重道远，很多思维和行为都源于心理的体验。我们要想在道德教育上取得进步，就要在自由以及人性的自然发展上做工作，这是当下德育和心育亟待要走的道路。

第二十章　权宜之酸

权宜之酸其实就是酸葡萄心理。"酸葡萄心理"来源于《狐狸与葡萄》这样一则寓言故事：在一个炎热的夏日，一只狐狸走过一个果园，它停在了一大串熟透而多汁的葡萄前，它一天都没有吃东西，饥肠辘辘。于是，狐狸试图摘些葡萄吃。由于葡萄太高，狐狸试了好几次，都没能摘到。最后，狐狸决定放弃。它昂起头，边走边说："我敢肯定它是酸的，吃不吃都无所谓了。"

"酸葡萄心理"是个体的需求无法得到满足时，编造一些"理由"进行自我安慰，以消除紧张，减轻压力，使自己从不满、不安等消极心理状态中解脱出来。

一、阿 Q 的权宜之酸

提到酸葡萄心理，不得不提的一个人物就是鲁迅笔下的阿 Q。阿 Q 之所以能把自己的日子过得如此快活，靠的就是如今家喻户晓的"精神胜利法"。

阿 Q 经常从精神上战胜对方以达到自己的心理平衡。当阿 Q 被人揪住辫子在墙上碰了四五个响头的时候，他会说："我总算被儿子打了，现在的世界真不像样。"

阿 Q 好不容易赌赢了一堆洋钱，结果被人串通起来抢走了，而且自己还遭到毒打。阿 Q 是一个穷人，他需要这些钱，怎么办？

"他擎起右手，用力地在自己的脸上连打了两个嘴巴，热剌剌的有些疼；打完之后便心平气和起来，似乎打的是自己，被打的是别人……"因为打的是"别人"，阿Q随后便心满意足地睡了。

二、老生员的权宜之酸

据明代文学家冯梦龙《古今谭概》记载：明太祖朱元璋有一天到国子监视察，刚刚坐下，就有个厨师给他送来一杯热茶。朱元璋觉得茶味不错，一时高兴，就下了一道诏书，赐予那个厨师顶冠束带，封他为官。有个老生员（秀才）看到这种情景十分生气，仰天长叹，不禁吟出两句诗："十载寒窗下，何如一盏茶！"意思是自己十年寒窗苦读书，也没有当上官，厨师端上一杯茶，就被皇帝封了官，太不公道！朱元璋听说老生员发牢骚，就接着续了两句："他才不如你，你命不如他。"

且不论老秀才的学问有多高，那厨师是否是草包，也不说老秀才是否酸葡萄心理和朱元璋是否相中了"千里马"，单就"十载寒窗"的结局竟不如"一盏茶"来看，知识分子的命运颇令人感到辛酸。

正如前面我们所提到的酸儒与酸儒主义。他们心中有理想，然而面对理想又无能为力，他们就一定会有权宜之计，一定会有权巧方便，权宜之酸就是他们的一种表现。

三、权宜之酸与处事态度

一个人产生"酸葡萄心理"的前提是未能实现自己的预期，

而又不愿轻易接受或面对失败的现实。人生的不同阶段，都有特别看重或关注的事：在校园读书的时候，希望自己成绩优秀，为职业发展奠定良好的基础；刚刚参加工作的时候，希望能给领导留下好的印象，工作上尽快崭露头角；等等。

预期的目标有大有小，有清晰路径也有虚幻想法，影响目标实现的客观环境也一直处在变化之中，具体到个人，禀性、天赋、基础条件等也不尽相同，诸多的不确定性，导致目标实现的结果自然也是不确定的。

成功的喜悦是短暂的，而失败的泪水则总会刻骨铭心。无论对于谁而言，面对失败，第一时间内心都是无法淡定的，都是抗拒的、抵触的。随着时间的推移，有些人开始接受，开始冷静地思考、反思，对于为何失败，原因也逐渐明了；而有些人则是自怨自艾，沉浸在"为什么失败的是我"的嗟叹之中，久而久之，非但不能客观地分析、看待自我，更开始从心理上进行自我麻醉。

"酸葡萄心理"反映的是一个人不能客观看待别人的成功。也许你会讲，"我没什么目标，我也不要什么成功，随大流就好！"什么叫"随大流"？"随大流"也算你的目标！人是社会性的生物，注定方方面面都受环境、社会的影响。

比如，你有一个很要好的朋友，你们同时分配到同一个单位，起点基本相同，一年两年大家都差不多，三年五年差别也不大，八年十年过去，差别就很大了。你怎么看？心里能够平静如水吗？即便你能淡然处之，身边的同事、家人可能也要在你面前旁敲侧击了。你可能嘴上会说："干吗跟别人比啊！人比人，气死人，做好自己的事就好了！”如果你心里也这么想，那倒是很好。但很多人心里可能想的是：“要是我当初……，现在哪有他的份！”“有什么了不起的，白给我干，都懒得干！”“他能有什么本事？不就是背靠大树好乘凉吗？”你看，这不就是赤裸裸的“酸葡萄心理”吗？

举这样的例子，并不是要引起兢兢业业、默默干工作的同志与领导之间的对立和矛盾。岗位分工不同，注定领导是少数，如果大家都去当领导，那还能领导谁呢？看到别人事业取得成功，内心的羡慕是肯定会有的，同时要客观地看待别人的成功，更要看到别人成功背后的东西以及自己对比之下存在的差距，而不能让“酸葡萄心理”发酵，主观盲目地评判别人。[1]

四、权宜之酸与防御机制

在心理学中，弗洛伊德提出过“心理防御机制”这一概念，心理机制主要是自我对本我的压抑。常见的防御机制有压制、否认、退行以及合理化等，酸葡萄心理就是合理化的心理防御机制。

首先我们要了解一下什么是合理化的心理防御机制。合理化是个体无意识地用似乎合理的解释来为难以接受的情感、行为、动机辩护，以使其可以被接受。当个体的动机未能实现或行为不能符合社会规范时，个体会尽量搜集一些合乎自己内心需要的理由，给自己的行为一个合理的解释，以掩饰自己的过失，减免焦

---

①胡占涛：《说说“酸葡萄心理”》，载《政工学刊》2017年第3期。

虑的痛苦和维护自尊免受伤害，此种方法称为"合理化"。换句话说，"合理化"就是制造"合理"的理由来解释并遮掩自我的伤害。

事实上，在人生的不同遭遇中，除了面对错误外，当我们遇到无法接受的挫折时，短暂地采用这种方法以减轻内心的痛苦，避免心灵的崩溃。[①]

有句话说："得意时是儒家，失意时是道家。"就是一种适应生活的哲学。更何况在找寻合理的理由时，也可能找到解决问题的方法。不过，个人使用此机制，借各种托词以维护自尊，则不免有文过饰非，欺骗别人也欺骗自己之嫌，就如鲁迅先生作品中的阿 Q。

五、酸葡萄心理与甜柠檬心理

与酸葡萄心理相反的是甜柠檬心理。当个体所追求的目标受到阻碍而无法实现时，为了保护自己的价值不受外界威胁，维护心理的平衡，当事人会强调自己既得的利益，淡化原来的目标，以减轻失望和痛苦。这种心理反应被称为"甜柠檬心理"。就像狐狸找不到可口的食物，却找到一只酸柠檬，于是自我安慰道："这柠檬正合我的口味，我就喜欢吃酸的。"

现实中，我们也时常表现出这种心理反应，比如：同学甲在做了充分的准备后参加了学校的一次文艺比赛，但只获得了个鼓

---

① 《酸葡萄心理》，网址：http://www.025xl.net/xinli/37924.html。

励奖，而同班同学乙获得了一等奖。于是同学甲就对其他人说："其实这次比赛，我并没有准备拿名次，我给自己所定的目标就是站在舞台上把自己展示给大家就行了，拿个鼓励奖就够了……"这就是典型的"甜柠檬"心理。再比如说，有人考试失利，就说早工作早挣钱，真考上大学经济上就亏大了；娶了姿色平平的妻子，说她有内在美；嫁给木讷寡言的丈夫，说他忠厚老实；孩子资质平庸，说他"傻人有傻福"。这样的心理都属于"甜柠檬"心理。

六、小结

权宜之酸是我们常常使用的一种心理机制，可以避免让自己难受和尴尬。在不能实现目标的现实面前，在痛苦面前，不用这样的防御机制，又该怎么办呢？权宜之计都是人的防御机制，都是缓解压力的一种应对方式。

虽然长期以来，"阿Q精神"遭到不少人的严厉批判，但不可否认这种精神对缓解压力而获取心理平衡确实有着实际的意义和作用，尤其是当人们认为自己对所面临的压力已经是无能为力的时候，采用这种应付方式，可以避免走向极端。任何事物都有正反两面，"酸葡萄效应"可以起到暂缓心理压力的作用，但真正应付挫折不能只停留在自圆其说。当情绪稳定后，应该冷静、客观地分析达不到目标的原因，重新选择目标，或改进努力方式。

第二十一章　权宜之敌

权宜之敌是站在对立面来应对外界的压力。那些反动人员大多是通过权宜之敌来让自己活下去。

一、梁山好汉

中国四大名著之一的《水浒传》相信大家都非常熟悉。这部小说主要讲述了北宋时期，由于朝廷奸臣当道，皇帝无能，很多老百姓生活在水深火热之中。一些遭受迫害的好汉齐聚梁山，开始替天行道，这就是一种权宜之敌。

我们先说林冲吧，林冲是80万禁军教头，一直都是老老实实做人，客客气气当官。可是命运似乎故意和他过不去，高俅之子高衙内看上了林冲的娘子，就算娘子一再受欺负，林冲也是敢怒不敢言。可是高俅仍不甘心，设计让林冲误闯白虎堂，硬是给他安排了一个谋杀的罪名。林冲明知这是陷害，可他没有办法，只能遵照朝廷旨意，被流放到沧州牢城。林冲本想在沧州的草料场安安分分生活，谁知又遭昔日好友陆谦的放火暗算。一怒之下，林冲终于爆发，提枪杀死了陆谦等人，冒着风雪连夜投奔了梁山。

梁山好汉中类似林冲经历的还有很多，宋江不是吗？杨志不是吗？武松不是吗？

宋江作为一名小吏，他最大的愿望就是能在朝为官，在官场上有一番作为，只可惜阎婆惜的出现改变了他的生活轨迹。他变成了杀人犯，只能选择到处逃窜。从柴进家中一直逃到白虎山，最后逃到郓城，他宁愿被抓走也不愿意成为贼寇。后来被发配江州，因为醉酒提了反诗险些被杀，还是晁盖等人将他救下，他这才咬牙上了梁山。

杨志则更倒霉，他历经波折，两次重要的任务——押送花石纲和生辰纲——交给他，结果都被搞砸了，根本无法回去交差，而且他一点钱都没有，家传宝刀都打算卖掉，极度郁闷的他甚至还想过自杀。要不是遇到曹正，等着他的就只有死路一条了。

武松是一名打虎英雄，但是他身上也背负着很多人命。他先是因为杀了潘金莲与西门庆被刺配，在途中又杀了那些杀手和蒋门神，后来又杀了飞天蜈蚣和道童，他是真的无处可去了，不过他最后选择的却是上二龙山，后来还是朝廷要剿灭三山，最后他才不得已加入梁山。

二、太平天国起义

如果说《水浒传》只是小说情节，现实中根本没有，那我们就来说一个真实发生的历史事件——太平天国起义。这可是中国历史上最大的农民暴动，并且还建立了国家，有了自己的法规与制度。

鸦片战争后，中国开始沦为半殖民地半封建社会。西方列强凭借自己的超强武力打开了中国的大门，强迫清政府签订一系列不平等的条约，从政治、经济各方面大肆侵略中国。清政府为了支付高额的赔偿费，只能加大苛捐杂税的征收，更大力度地搜刮民脂民膏。在此种情况下，广大农民饥寒交迫，纷纷揭竿起义，抵制清政府的压迫。那段时间，各族人民自发的反清起义高达一百余次。

此时有一股起义令人瞩目，它发生在广西多民族聚居区，由于清政府对少数民族的压迫与剥削更加严重，再加上天灾人祸，广西地区水、旱、虫灾不断，广大农民苦不堪言。此时，洪秀全联合冯云山在广西传教，秘密进行反清活动。1950年，洪秀全要求会众到桂平县金田村团营编伍，年底太平军就与清军展开了斗争，由此开始了与朝廷的武装对立。

太平天国起义完全是被朝廷逼得没有办法了，农民只好站在朝廷的对立面进行自救，这就是一种权宜之敌。

三、小结

其实在现实生活中，走上权益之敌的人也有很多。比如说一个单位里面，有的人找不到自己的位置，他很难受，怎么办？最后他就站在别人的对立面了。社会上的有些人，其实并没有受到多少不公平的待遇，但是在他内心里面，就觉得自己被人利用了，被人陷害了，于是就走上了上访之路，这也算是一种权宜之敌吧。

现在我们国家要走向民族复兴，可等到我们经济真的高速发展之后，你就会发现有很多人没事可干，社会上会出现很多酸不溜秋的人，严重者就会走上权宜之敌的道路。现在的权宜之敌，不可能像过去一样出现战争或起义行为，但是他们仍会站在对立

面对一些事务指指点点。为什么现在国家要抓意识形态，要践行
社会主义核心价值观，在我看来这是对民众提前教育，使民众树
立积极向上的社会心态。

第二十二章　权宜之乱

权宜之乱是通过打破平衡来应对外界的压力，比如说夫妻吵架，动不动就发火骂人等。

一、我的权宜之乱

我的权宜之乱是这样的：比如说有的人在人际关系中喜欢息事宁人，我不是这样，我一定要吵出个结果，一定要把事情说得明白，否则我晚上就睡不着觉。

这看起来并不像是个问题，因为它能及时解决问题，不会把事情拖到明天，不会让过去的事情来压抑自己。但是另一方面它也能反映出我的破坏性。比如在亲密关系或者师生关系中，我不可能让整个团队是安静的，安静显示着秩序井然，但我却不习惯，我会直接扔一个东西过去，把大家搞乱搞蒙，搞蒙了以后大家不就得重新排序了吗？在找秩序的过程中，我自然就又拿到了掌控权。

就像我女儿所说的："你是一个喜欢破坏关系的人。刚刚建立了一点良好的关系，你就开始搞破坏。"当时我不以为意，过一段时间想想，还真是这样！

实际上这些所有的权宜之计，都是我们在社会活动、人际交往、环境适应中，找到的最佳掌控感，我们通过这个掌控感来实现自己的理想及目标。之所以叫它们权宜之计，是因为它们不是中庸之道，是偏左或偏右的。就像桥上本来有条路可以过河，但是走的车太多了，桥承受不了重量就坍塌了，我们只能跑到旁边林子里穿行。如果不小心都走上了一条不归路，那就是权宜之死了。

我选择的是权宜之乱这样一条路。我喜欢斗争、喜欢找事、喜欢打乱重建。

二、权宜之乱源于内心的不安全感

我为什么会选择权宜之乱，走上一条破坏者的路呢？其背后反映了我的不安全感。因为没有安全感，所以一直都在运动中，狡兔三窟就是这样。本来拥有一个安全的地方就可以了，但是我却不断地寻找，不断地变化。

比如说我已经出版了 20 本书，其实只要我扎扎实实地做一本书，就能做出很多道道来。就拿《向西游记取育儿经》来说吧，我可以专门开发这样一个幼儿培训教育课程，然后制作一些工具，创新一些技术，这就是很好的商机；我好好经营阜阳市心理学会，我在当地的影响力就会升好几个台阶。但是为什么我没有专注于一件事？看似我是在不断地创新，不断地改变，其实还是源自这种不安全感的心理机制。打一枪换一个地方，只有听到外面的大动静，我才能睡得踏实，这就是我的人格特质。

所以我们在进行自我认知时，一定要找到背后的机制。很庆幸我找到了自己的机制。找到机制之后，你就会理解，进而就会慢慢地升级优化，遇见更好的自己。事实上，我最近三个月在思考权宜之乱时，发现有一部分人是善于搞破坏的，破坏之后才能创造出新的东西出来。所以网校的主任们跟着我会很累，因为他们的模式要跟我匹配才行。不匹配，他们就得进行升级，就得进行转化，直到匹配为止。这个过程是非常难受且痛苦的，但是没办法，互联网教育，没有创意就招不到学员，每年从六月份到八月份招生的这三个月，我总是不停地在换招数，不停地去变换，不然根本就招不到几千人，但是很多人就适应不了我这种模式。今年我就在思考，我要把人格防御机制中的不好的成分尽量减少，把好的成分多多运用出来。

三、升级自己的防御机制

防御机制中，有些是好的成分。那什么是好的成分呢？就还拿我自己来说吧，我以前到处挖井，有些地方是出水的，有些地方是没有水的。那出水的地方呢？比如说某省健康管理学会马上要成立一个心理健康专业委员会，在这个地方我们有很多学员，正好委员会负责人我也认识，我们就可以发挥学员的力量，多做一些心理健康的工作。所以这种权宜之乱，也会促进我找到一些发展的机会，遍地撒种，总是会开花的。

所以在这里我劝告大家，对于我们过去的防御机制，我们不要全盘地否定。因为过去的防御机制是我们在一段时期内，给自己找到的最佳生存位置，它也是为自己立过汗马功劳的。只要我们没有选择权宜之死，一切都还有机会。当我们了解和掌握自己的机制之后，我们就会慢慢地破解或化解这种模式，从而使自己更新换代。就像以前的小房子换成了现在的大房子，以前的人工机器变成了现在的自动机器，已经完全升级了。升级之后，我们原来的一些优势还会为我们所用，还是有利于我们发展的。

当我们在进行防御机制升级的时候，也就是我们走在了寻找理想人格的道路上，此时我们就不会那么偏左或偏右了。在这个正道上走着走着，真正有能力者就能逢山开道、遇水搭桥。等我们到了五六十岁的时候，那些自我的成分也就修复得差不多了，在社会上也获得了一定的地位和成就，这个时候就趋向于孔子所说的"三十而立，四十不惑，五十知天命，六十耳顺"了。